essentials

essentials liefern aktuelles Wissen in konzentrierter Form. Die Essenz dessen, worauf es als „State-of-the-Art" in der gegenwärtigen Fachdiskussion oder in der Praxis ankommt. *essentials* informieren schnell, unkompliziert und verständlich

- als Einführung in ein aktuelles Thema aus Ihrem Fachgebiet
- als Einstieg in ein für Sie noch unbekanntes Themenfeld
- als Einblick, um zum Thema mitreden zu können

Die Bücher in elektronischer und gedruckter Form bringen das Expertenwissen von Springer-Fachautoren kompakt zur Darstellung. Sie sind besonders für die Nutzung als eBook auf Tablet-PCs, eBook-Readern und Smartphones geeignet. *essentials:* Wissensbausteine aus den Wirtschafts-, Sozial- und Geisteswissenschaften, aus Technik und Naturwissenschaften sowie aus Medizin, Psychologie und Gesundheitsberufen. Von renommierten Autoren aller Springer-Verlagsmarken.

Weitere Bände in der Reihe http://www.springer.com/series/13088

Markus Schelenz

Akademisches Controlling an Hochschulen

Aufgaben, Ziele, Erfolgskriterien

Mag. Markus Schelenz
Wirtschaftsuniversität Wien
Wien, Österreich

ISSN 2197-6708 ISSN 2197-6716 (electronic)
essentials
ISBN 978-3-658-19757-5 ISBN 978-3-658-19758-2 (eBook)
https://doi.org/10.1007/978-3-658-19758-2

Die Deutsche Nationalbibliothek verzeichnet diese Publikation in der Deutschen Nationalbibliografie; detaillierte bibliografische Daten sind im Internet über http://dnb.d-nb.de abrufbar.

Springer Gabler

Gedruckt auf säurefreiem und chlorfrei gebleichtem Papier

Springer Gabler ist Teil von Springer Nature
Die eingetragene Gesellschaft ist Springer Fachmedien Wiesbaden GmbH
Die Anschrift der Gesellschaft ist: Abraham-Lincoln-Str. 46, 65189 Wiesbaden, Germany

Was Sie in diesem *essential* finden können

- Eine Einführung in die Begriffswelt des Akademischen Controllings
- Grundsätzliche Anforderungen, die ein Akademisches Controlling erfüllen sollte
- Einen Einblick in den Aufbau des Akademischen Controllings an der Wirtschaftsuniversität Wien
- Eine Vielzahl an Prozessen und Instrumenten, die zur Unterstützung der Planung, Kontrolle und Steuerung im Bereich der Lehre eingesetzt werden können
- Beispiele zur Umsetzung von Controllingaufgaben

Inhaltsverzeichnis

Einleitung 1

Durch die Hochschulautonomie entstandene neue Aufgaben, ein verschärfter Wettbewerb zwischen den Hochschulen mit wachsenden Qualitätsansprüchen und der Ausbau technologieunterstützter Lehrformen, bei gleichzeitigem Zuwachs der Studierendenzahlen, haben mit den staatlich finanzierten Budgets der Hochschulen nicht Schritt gehalten. Um trotz nicht ausreichender Finanzmittel den Lehrbetrieb sicherstellen zu können, ist eine stärkere Orientierung an betriebswirtschaftlichen Kriterien im Bereich der Lehre und Studierenden erforderlich geworden. In diesem Zusammenhang hat sich das Akademische Controlling entwickelt.

Obwohl von einer Unterfinanzierung so ziemlich alle Hochschulen im deutschsprachigen Raum betroffen sein dürften, wurde bislang zum Akademischen Controlling nicht sonderlich viel publiziert. Das war ein wesentlicher Beweggrund für den vorliegenden Beitrag. Darin wird versucht, ein grundlegendes Verständnis des Akademischen Controllings herzustellen und anhand der organisatorischen und inhaltlichen Ausgestaltung des Akademischen Controllings an der Wirtschaftsuniversität Wien konkrete Aufgaben, Herangehensweisen und Herausforderungen zu skizzieren. Ergänzt werden die Ausführungen durch beispielhafte Darstellungen einzelner Berichtsstrukturen. Aus der beinahe zehnjährigen Praxiserfahrung an der Wirtschaftsuniversität Wien (WU) werden am Ende eine Hand voll Faktoren abgeleitet, die für eine erfolgreiche Umsetzung und eine akzeptierte Rolle des Akademischen Controllings ausschlaggebend sein dürften.

Dieser Beitrag richtet sich insbesondere an Hochschulmanager, die ein nichtmonetäres Controlling-System im Bereich der Lehre auf- oder ausbauen wollen sowie an Personen mit Erfahrung mit lehr- und studierendenbezogenen Datenauswertungen, die ihre Expertise erweitern möchten. Ebenfalls angesprochen werden Lehrende und Studierende, die sich im Rahmen von Lehrveranstaltungen mit

M. Schelenz, *Akademisches Controlling an Hochschulen*, essentials,
https://doi.org/10.1007/978-3-658-19758-2_1

dem Thema Berichtswesen und Performance Measurement an Hochschulen auseinandersetzen. Schließlich können aber die Überlegungen zum Akademischen Controlling auch Controllern aus anderen Dienstleistungsbranchen als dem Hochschulwesen einen Input für ihren Arbeitsbereich liefern.

Aus Gründen der Lesbarkeit wird im Übrigen auf genderspezifische Formulierungen verzichtet. Personenbezogene Bezeichnungen beziehen sich daher immer gleichermaßen auf Frauen und Männer.

2 Grundlegende Überlegungen zum Akademischen Controlling an Hochschulen

Controllingsysteme werden nicht nur in gewinnorientierten Unternehmen eingesetzt, auch an Hochschulen sind sie unerlässlich. Allerdings lassen sich trotz zunehmender Rede von unternehmerischen Hochschulen nicht alle privatwirtschaftlichen Ansätze unreflektiert auf eine wissenschaftliche Institution übertragen. Eine fehlende Profitorientierung und die traditionelle Hochschulkultur erfordern adaptierte Anwendungen und eigene Konzepte.

Das Hochschulcontrolling definiert sich noch stark über das Finanzcontrolling, deren Aufgaben insbesondere in der Budgetplanung, der Durchführung der Kosten- und Leistungsrechnung, der finanziellen Abwicklung von Drittmittelforschungsprojekten sowie der Berichtslegung von Finanzkennzahlen liegen. Eine alleinige Steuerung von Hochschulen durch Finanzkennzahlen greift allerdings zu kurz. Vielmehr verlangen die gestärkte Autonomie, der zunehmende interhochschulische Wettbewerb, die leistungsorientierte Mittelvergabe innerhalb der Organisation, die Internationalisierung und vor allem auch ein stets knapper werdendes Budget eine Erweiterung der betriebswirtschaftlichen Steuerung um nicht-monetäre Perspektiven (Graf und Link 2010, S. 375). Den kostenmäßigen Betrachtungen sind demnach Leistungsmessungen aus den Kernbereichen Lehre und Forschung gegenüber zu stellen. Dadurch werden die Entscheidungsträger mit umfassenderen Informationen versorgt und verleiht ihren Entscheidungen eine höhere Legitimation. Um das Bewusstsein der notwendigen Berücksichtigung der Prozesse und Leistungen in Lehre und Forschung zur Hochschulsteuerung und Erreichung der operativen und strategischen Ziele zu schärfen, wird das Controlling an Hochschulen als Akademisches Controlling bezeichnet. Dieser Begriff soll vor allem auch verdeutlichen, „dass das System den speziellen Zielen und der Kultur einer akademischen Einrichtung gerecht wird" (Ziegele et al. 2008, S. 17).

M. Schelenz, *Akademisches Controlling an Hochschulen*, essentials,
https://doi.org/10.1007/978-3-658-19758-2_2

2.1 Grundsätzliche Anforderungen an das Akademische Controlling

Unter Hochschulen besteht bislang keine konkrete und einheitliche Definition von Akademischem Controlling, anstatt dessen richtet jede Hochschule ihr Controllingsystem an den eigenen Anforderungen zur Steuerung und Entscheidungsfindung aus und setzt jene Controllinginstrumente ein, die zur Informationsunterstützung der Entscheidungsträger am besten dienen. Dennoch lassen sich Anforderungen definieren, die ein Akademisches Controlling erfüllen sollte.

Anforderungen an das Akademische Controlling

- Es soll entscheidungsunterstützende Informationen generieren und durch seine betriebswirtschaftliche Funktion Entscheidungen ermöglichen.
- Es soll Prozesse mitgestalten und den Zusammenhang mit den Hochschulzielen herstellen.
- Es soll Daten und Informationen zur Unterstützung der operativen Geschäftsprozesse und der strategischen Planungs- und Steuerungsprozesse bereitstellen.
- Es soll eine Kosten- und Leistungstransparenz schaffen.
- Es soll aussagekräftige und verwertbare Kennzahlen in Zusammenarbeit mit Entscheidungsträgern definieren.
- Es soll ausgewertete Daten anschaulich aufbereiten, analysieren und interpretieren.
- Es soll eine Dienstleistungsfunktion ausüben.

Damit wird klar, dass sich das Akademische Controlling nicht bloß auf die Rolle des Kontrolleurs und Datenlieferanten einschränken lässt, sondern auch alle Phasen der Hochschulprozesse aktiv unterstützt und den Entscheidungsträgern beratend zur Seite steht. Darüber hinaus werden Leistungen messbar und folglich transparent und vergleichbar gemacht. Neben der Unterstützung der hochschulinternen Steuerung übernimmt das Akademische Controlling gewöhnlich auch die Rechenschaftslegung an externe Stakeholder.

2.2 Grundorientierungen des Akademischen Controllings

Das Verständnis von einem Akademischen Controlling wird durch seine Grundorientierungen komplettiert. Hierzu zählen Ziegele et al. (2008, S. 8 ff) insbesondere die

- Zielorientierung,
- Entscheidungsorientierung,
- Prozessorientierung und
- Serviceorientierung.

Wesentlich für die Zielorientierung ist die Mitwirkung bei der kontinuierlichen Überprüfung der definierten Ziele. Ergänzend dazu ist auf die Wirkung der Ziele zu achten. Die Zielorientierung zeigt sich auch darin, dass das Akademische Controlling nicht nur in die Vergangenheit zurückblickt, sondern durch die Bereitstellung von Informationen und Analyse von Daten auch neue Ziele für die Hochschule anstößt. Die Entscheidungsorientierung besagt, dass sich die Auswertung, Aufbereitung, Analyse und Interpretation von Daten auf die Fundierung von Entscheidungen auszurichten hat. Nicht alle Informationen werden zwar immer unmittelbar entscheidungsrelevant sein können, zu verzichten ist aber auf die Sammlung unnötiger Daten, die zu einem Datenfriedhof führen. Wichtig für die Annahme der Entscheidungsunterstützung durch die Nutzer ist die Akzeptanz des Akademischen Controllings. Durch die Prozessorientierung sollen wichtige Prozesse erkannt und dafür zweckmäßige Controllinginstrumente eingesetzt werden. Entscheidungsprozesse, wie etwa der Zielvereinbarungsprozess, sollen vom Beginn bis zum Ende vom Akademischen Controlling begleitet werden. Mit der Prozessorientierung geht ferner ein Effizienzgedanke einher, zum einen hinsichtlich schlanker Prozesse, zum anderen im Sinne eines Kostenbewusstseins. Die Serviceorientierung richtet sich auf die Unterstützung aller zentralen und dezentralen Entscheidungsträger, und nicht nur der Hochschulleitung, im danach möglichen Ausmaß auch der restlichen Hochschulangehörigen (wie etwa Studierende und Forschende). Dies fundiert das Akademische Controlling als Dienstleistungseinrichtung. Serviceorientierung schlägt sich aber auch in der Verwertbarkeit von Datenauswertungen, Kennzahlen und Berichten nieder, indem zweckdienliche Daten nutzerbezogen aufbereitet werden.

Des Weiteren stellt sich noch die Frage, inwieweit das Akademische Controlling mit dem Qualitätsmanagement der Hochschule konkurriert. Denn auch das Qualitätsmanagement ist in der Regel ziel- und prozessorientiert ausgerichtet und je nach Ausgestaltung das Qualitätsmanagement oder das Akademische Controlling weiter gefasst. Oft aber ergänzen sich die beiden, entweder als Stabstellen oder dadurch dass das Akademische Controlling als Teil des Qualitätsmanagements verstanden wird, „indem es die quantitativen Grundlagen, Analysen und Instrumente zur Entscheidungsfindung in qualitativen Prozessen liefert" (Ziegele et al. 2008, S. 14).

Ein ebenfalls essenzielles Thema für das Akademische Controlling ist die IT-Unterstützung. Der Wahl des für die Hochschule geeigneten IT-Systems kommt daher eine besondere Bedeutung zu. Je besser die hochschulbezogenen Daten verfügbar, auswertbar und aufbereitbar sind, desto zeiteffizienter und personalressourcenschonender kann die Bereitstellung von Informationen erfolgen und vielfältiger sind die Datenauswertungsmöglichkeiten. Entscheidend ist die Schaffung eines integrierten Informationssystems, um unterschiedliche Datenbanken zusammenführen und Daten miteinander verknüpfen zu können (Täschner 2014, S. 55). Zudem müssen Daten auch historisiert auswertbar sein, damit sich zeitliche Entwicklungen darstellen und analysieren lassen. Der Einsatz von Data Warehouse-Systemen wird daher empfohlen (Küpper 2007, S. 87).

Business Case: Akademisches Controlling an der Wirtschaftsuniversität Wien

3

Die Wirtschaftsuniversität Wien (WU) ist mit rund 22.000 Bachelor-, Master- und Doktoratsstudierenden eine der größten wirtschaftswissenschaftlichen Universitäten im deutschsprachigen Raum. Das Studienprogrammportfolio umfasst zwei multidisziplinär konzipierte Bachelorstudien (mit etwa 80 % aller Studierenden) und 15 spezialisierte Masterstudien (mit etwa 15 % aller Studierenden) sowie fünf Doktorats- und PhD-Studien. Darüber hinaus gibt es eine Reihe von Universitätslehrgängen und anderen Weiterbildungsprogrammen, die unter dem organisatorischen Dach der WU Executive Academy angeboten werden. Die Lehre und Forschung an der WU wird von elf wissenschaftlichen Departments, die in sich weiter in Institute und Abteilungen untergliedert sind, sowie mehreren Forschungsinstituten und Kompetenzzentren getragen. Bei einem Personalstand von rund 780 Vollzeitäquivalenten (VZÄ) an wissenschaftlichem Personal, wovon etwa 90 VZÄ Professoren ausmachen, werden pro Studienjahr etwa 3700 Lehrveranstaltungen und 7700 Semesterstunden gelehrt.

Das Rektorat der WU hat – zumindest im Kontext der österreichischen Universitäten – schon früh die Notwendigkeit einer datenorientierten Planung und Steuerung der universitären Lehre erkannt. Ausschlaggebend dafür waren insbesondere zwei Gründe: Zum einen wurde die WU im Herbst 2002 mit einem Zuwachs von 20 % Studienanfängern konfrontiert, zum anderen hat die WU auch davor bereits als unterfinanziert gegolten. Der massive Zustrom von Studierenden hatte sich verschlechternde Betreuungsverhältnisse und Studienbedingungen zur Folge. Als Konsequenz hat das Rektorat im Jahr 2004 entschieden, eine neue Stelle im damaligen Vizerektorat für Lehre mit dem Ziel einzurichten, ein internes Berichtswesen für den Bereich Lehre aufzubauen. In den folgenden drei Jahren kamen noch weitere Anforderungen wie die Einführung eines Lehrveranstaltungscontrollings und die Erfüllung von externen Berichtspflichten hinzu, weshalb im Jahr 2008 die Abteilung Akademisches Controlling implementiert wurde.

M. Schelenz, *Akademisches Controlling an Hochschulen*, essentials,
https://doi.org/10.1007/978-3-658-19758-2_3

3.1 Organigramm

Nachdem das Akademische Controlling dem Dienstleistungsbereich zuzuordnen ist, soll zunächst die Abb. 3.1 einen Überblick der Dienstleistungseinrichtungen der WU geben.

Das Akademische Controlling ist als eigene Abteilung im Bereich Programmmanagement und Lehr-/Lernsupport im Vizerektorat für Lehre und Studierende eingerichtet (siehe Abb. 3.2). Daraus lässt sich erkennen, dass sich die Aufgaben des Akademischen Controllings an der WU auf den gesamten Lehrbereich (ausgenommen die WU Executive Academy) richten, nicht aber die Forschung mit einschließt. Für den Forschungsbereich ist die Abteilung Forschungsservice

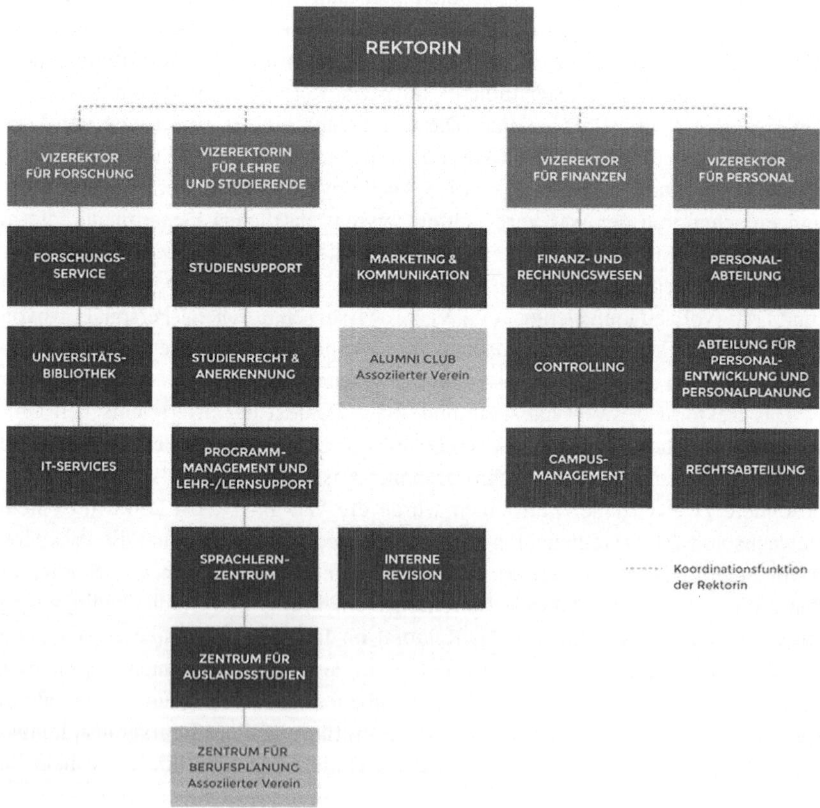

Abb. 3.1 Organigramm der WU (Stand 2017). (Quelle: WU)

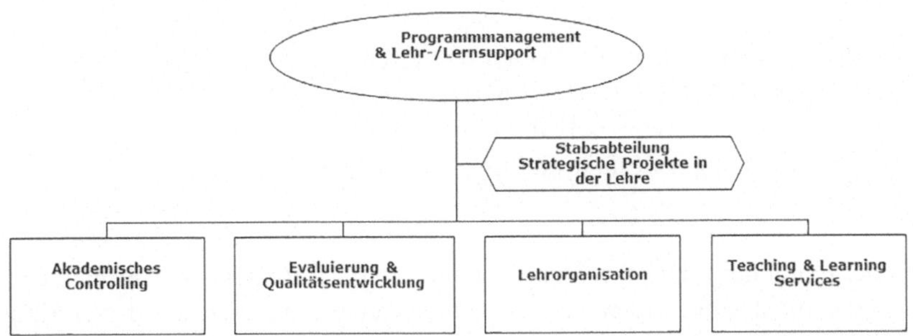

Abb. 3.2 Organigramm des Bereichs Programmmanagement und Lehr-/Lernsupport an der WU (Stand 2017). (Quelle: WU)

zuständig, die für ihren Bereich ein eigenständiges Set an Kennzahlen etabliert hat, welches allerdings nicht Gegenstand der weiteren Ausführungen sein wird.

Im Akademischen Controlling sind derzeit 3,5 Vollzeitäquivalente beschäftigt. Da die Aktivitätsfelder des Akademischen Controllings in Verbindung mit der Organisation der Lehre stehen, soll kurz das Programmdirektorenkonzept sowie das Planpunktkonzept der WU vorgestellt werden.

3.2 Programmdirektorenkonzept der WU

Mit der Umstellung auf die dreigliedrige Bologna-Struktur wurde an der WU für jedes Studienprogramm eine Person aus dem wissenschaftlichen Bereich installiert, die für das jeweilige Programm – in Abstimmung mit dem zentralen Programmmanagement – verantwortlich zeichnet – die Programmdirektoren. Sie werden von der Vizerektorin für Lehre und Studierende für die Dauer von vier Jahren ernannt. Um den Aufwand aus der Funktion als Programmdirektor zu honorieren, können die ernannten Personen entweder eine Funktionszulage oder eine Lehrreduktion für die Dauer ihrer Funktionsperiode in Anspruch nehmen. Im Folgenden werden die wesentlichen Aufgaben von Programmdirektoren genannt:

Aufgaben von Programmdirektoren

- Inhaltliche Entwicklung und Weiterentwicklung des Studiums
- Koordinierung des Lehrveranstaltungsangebots
- Sicherstellung einer qualitativ hochwertigen Lehre

- Betreuung von Studierenden und Verfassen von Gutachten bei Anerkennungen von Prüfungsleistungen
- Studierendenakquise und Studierendenselektion
- Sicherstellung der Employability

Bei der Einführung eines Studienprogrammes sind das Rektorat, universitäre Gremien und die inhaltlich relevanten Departmentverantwortlichen, aus dessen Kreis gewöhnlich auch der Programmdirektor vorgeschlagen wird, beteiligt, durch die das neue Studium angestoßen und samt Qualifikationsprofil konzipiert wird. Universitätsintern muss ein neu eingerichtetes Studium vom Senat, der neben dem Rektorat und dem Universitätsrat das dritte Organ der Universitätsleitung darstellt, genehmigt werden. Darüber hinaus benötigt es eine Zustimmung durch das für die Hochschulen zuständige Miniisterium. Ist das Studium erfolgreich eingeführt, trägt der Programmdirektor eine zentrale Rolle bei der Weiterentwicklung des Studiums. Darunter fallen vor allem curriculare Verbesserungen. So machen neue Forschungsergebnisse in den das Studium betreffenden Wissenschaftsfeldern eine Anpassung des Curriculums erforderlich und wird die wissenschaftliche Integrität gesichert, aber auch geänderte Anforderungen des Arbeitsmarkts erlauben neue Schwerpunktsetzungen. Gleichzeitig können sich im Laufe der Zeit Fehleinschätzungen der Studienplangestaltung bemerkbar machen, die beispielsweise zu Engpässen führen oder durch Sequenzierungen die Studierbarkeit einschränken und folglich Studienzeitverzögerungen hervorrufen können, die im Rahmen von Studienplanänderungen behoben werden müssen. Zudem ist die internationale Mobilität ein an Hochschulen stärker wahrgenommenes Thema, das auch Programmdirektoren hinsichtlich des Ausbaus und der Vertiefung von Kooperationen mit ausländischen Hochschulen sowie der Studierendenmobilität unter dem Blickwinkel der Programmweiterentwicklung beschäftigt.

Die Sicherstellung des adäquaten Lehrangebots für das Studienprogramm ist eine weitere Aufgabe des Programmdirektors. Die WU sieht einen dreistufigen, elektronischen Genehmigungsprozess für Lehrveranstaltungen vor, der eine möglichst ressourcenschonende Passung von Angebot und Nachfrage zum Ziel hat. Dabei definieren die wissenschaftlichen Organisationseinheiten ihr Lehrangebot, indem sie ihren wissenschaftlichen Mitarbeitern und Externen Lehrenden – das sind Vortragende, die ausschließlich für die Abhaltung von Lehrveranstaltungen beschäftigt werden und in der Regel aus der Praxis kommen – Lehrveranstaltungen zuweisen und diese Lehrveranstaltungen in das dafür vorgesehene IT-System eintragen. Den ersten Genehmigungsschritt setzt die dienstvorgesetzte Person des

Lehrveranstaltungsleiters, die auch die Erfüllung der Lehrverpflichtung (Lehrdeputat) ihres wissenschaftlichen Mitarbeiters zu verantworten hat. Da der Departmentvorstand unter anderem für die Einhaltung des Budgets der Externen Lehre zuständig ist und einen Überblick der gesamten Lehre des Departments haben sollte, übernimmt er den zweiten Genehmigungsschritt und vollendet das Angebot. Die Perspektive der Nachfrage wird anschließend durch den Programmdirektor wahrgenommen. Er entscheidet im letzten Genehmigungsschritt, ob die von der wissenschaftlichen Organisationseinheit angebotene Lehrveranstaltung in der Form für das Studienprogramm benötigt wird. Die Nichtgenehmigung durch den Programmdirektor kann aus qualitativen (bspw. schlechte Lehrveranstaltungsevaluierungen des vorgeschlagenen Lehrveranstaltungsleiters) oder quantitativen (wenn für die zu erwartende studentische Nachfrage ein ausreichendes Lehrangebot vorhanden ist) Gründen erfolgen. Diese Form der Lehrorganisation als Matrix erlaubt es, dass die Lehre nicht nur rein angebotsorientiert, sondern im Abgleich mit einer programm- bzw. nachfrageorientierten Logik geplant wird.

Die Matrix-Lehrorganisation benötigt qualitativ hochwertige Informationen für den Programmdirektor. Das sind vor allem ein jährlicher Bericht über die wichtigsten Kennzahlen sowie ein semesterweiser Bericht zu den Lehrveranstaltungsevaluierungen in dem von ihm verantworteten Programm. Um eine qualitätsvolle Lehre aufrecht zu erhalten, erscheint es essenziell, dass der Programmdirektor mit den Lehrenden, und insbesondere auch mit die Externen Lehrenden, die gewöhnlich in den universitären Alltag nur eingeschränkt eingebunden sind, ein gemeinsames Verständnis über die Qualität der Lehre entwickelt. In diesem Rahmen können bspw. auch die für die Lehrveranstaltungen am besten geeigneten Lehrdesigns vereinbart und der Einsatz von E-Learning-Elementen überlegt werden.

Der Programmdirektor soll jedoch auch für die Studierenden des Studienprogramms eine verlässliche Anlaufstelle sein. In enger Zusammenarbeit mit der Abteilung für Studieninformation und der Abteilung für Studienrecht sollen Studierende informiert und beraten sowie die Anliegen der Studierenden lösungsorientiert bearbeitet werden. Auch soziale Medien gewinnen dabei eine stärkere Relevanz. Wenn es um die Entscheidung von Anerkennungen erbrachter Studienleistungen außerhalb des eigenen Studienprogramms geht, was vor allem bei Mobilitätsstudierenden der Fall ist, hat der Programmdirektor die Rolle des Gutachters zu übernehmen.

Zudem kommt bei englischsprachigen Master- und Doktoratsstudien, die aufgrund der österreichischen Rechtslage zugangsbeschränkt sind (Perthold-Stoitzner 2010b, S. 280), die Durchführung eines Auswahlprozesses von Studienanfänger dazu.

Nachdem die Vermarktung des Studienprogramms funktioniert hat und Studierende aufgenommen sind, das Curriculum kontinuierlich weiterentwickelt wird und die Studierbarkeit des Programms sichergestellt ist, steht für den Programmdirektor auch noch die Frage der Employability auf der Agenda. Rump und Eilers definieren Employability als „die Fähigkeit, fachliche, soziale und methodische Kompetenzen unter sich wandelnden Rahmenbedingungen zielgerichtet und eigenverantwortlich anzupassen und einzusetzen, um eine Beschäftigung zu erlangen oder zu erhalten" (Rump und Eilers 2006, S. 21). Die Vermittlung der für den Arbeitsmarkt notwendigen Kompetenzen soll über die für das Studienprogramm definierten Learning Outcomes erfolgen, die sich bis auf die Lehrveranstaltungsebene herunterbrechen lassen. Ob die Learning Outcomes auch zu dem gewünschten Erfolg führen hat der Programmdirektor – gemeinsam mit dem Programmmanagement im Vizerektorat für Lehre und Studierende – über Kompetenzmessungen zu prüfen und die Learning Outcomes gegebenenfalls zu adaptieren (Schermutzki 2007, S. 29 ff.). Dieser Regelkreis zieht sich gewöhnlich allerdings über einen längeren Zeitraum von bis zu zwei Jahren. Darüber hinaus kann der Programmdirektor aus den Ergebnissen der Absolventenbefragung weitere Erkenntnisse einer gelungenen Arbeitsmarktintegration der Absolventen gewinnen.

Das Programmdirektorenkonzept determiniert nicht bloß die Organisation der Lehre an der WU, sondern ist trägt auch dazu bei, ein Studienprogramm managen zu können. Dementsprechend arbeitet das Akademische Controlling den Programmdirektoren mit Datenauswertungen und Berichten zu. Neben der Unterstützung bei anlassbezogenen Datenbedarfen vonseiten des Programmdirektors wird derzeit der standardisierte Bericht Lehr- und Studierendendaten entwickelt (siehe Abschn. 3.4.2).

3.3 Aufbau der WU-Studienpläne und ihre Basiseinheit Planpunkt

Um die folgenden Ausführungen zur inhaltlichen Ausgestaltung des Akademischen Controllings besser zu verstehen, ist auch die Beschreibung des Aufbaus der Studienpläne an der WU hilfreich. Ein Curriculum besteht im Wesentlichen aus dem Qualifikationsprofil, den Zulassungsvoraussetzungen sowie dem Studienaufbau und dem Inhalt in Form der zu absolvierenden Fächer. Die einzelnen Fächer setzen sich aus Lehrveranstaltungen und Prüfungen zusammen. Im IT-System der WU wird die Summe an den in einem Studium zu absolvierenden Lehrveranstaltungen und Prüfungen Repertoire genannt, die IT-technisch als Planpunkte umgesetzt sind. Jedem Planpunkt sind eine Bezeichnung, ein LV- bzw. Prüfungstyp, die Semesterwochenstunden sowie die ECTS-Anrechnungspunkte zugeordnet. Die Summe der ECTS-Anrechnungspunkte der Planpunkte ergibt den für das Studium vorgesehenen Mindestarbeitsaufwand. Das sind an österreichischen Universitäten bei Bachelorstudien 180 und bei Masterstudien mindestens 120 ECTS-Anrechnungspunkte (Perthold-Stoitzner 2010a, S. 246).

Aufgrund von Studienplanänderungen eines Curriculums kann es mehrere Studienplanversionen geben. Innerhalb einer Studienplanversion spricht man von einem Studienplanpunkt, der exklusiv ist und nur in der betrachteten Studienplanversion vorkommt. Die Studienplanpunkte der einzelnen Versionen ergeben aggregiert den Planpunkt, der die Basiseinheit darstellt. Ein Planpunkt kann für mehrere Lehrveranstaltungen angeboten werden, eine Lehrveranstaltung kann allerdings auch mehrere Planpunkte bedienen. Die beiden Beispiele in der Abb. 3.3 und 3.4 sollen den Zusammenhang zwischen Planpunkt und Lehrveranstaltung nochmals veranschaulichen:

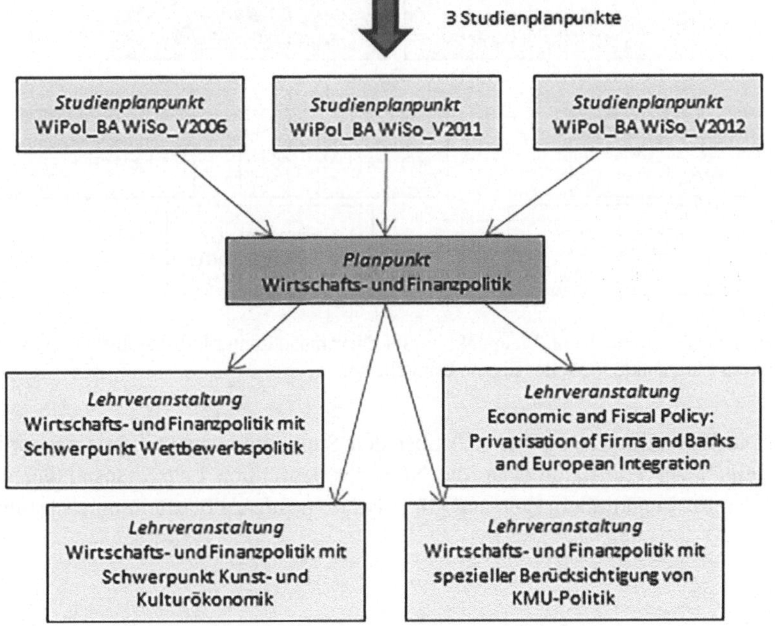

Abb. 3.3 Zusammenhang Planpunkt und Lehrveranstaltung: Planpunkt hat mehrere Lehrveranstaltungen. (Quelle: Eigene Darstellung)

Studienplanpunktbezeichnung: Wahlfach - Advanced Strategic Management [WF ASM], Wahlfach - Advanced Organizational Design [WF AOD], Current Issues in International Organizational Behavior [IOB], International Strategy and Organization [ISO]
Studium: Master Strategy, Innovation, and Management Control [MA SIMC], Master International Management/CEMS [MA CEMS]
Curriculum: Version 2009 [V2009], Version 2012 [V2012], Version 2016 [V2016], Version 2017 [V2017]

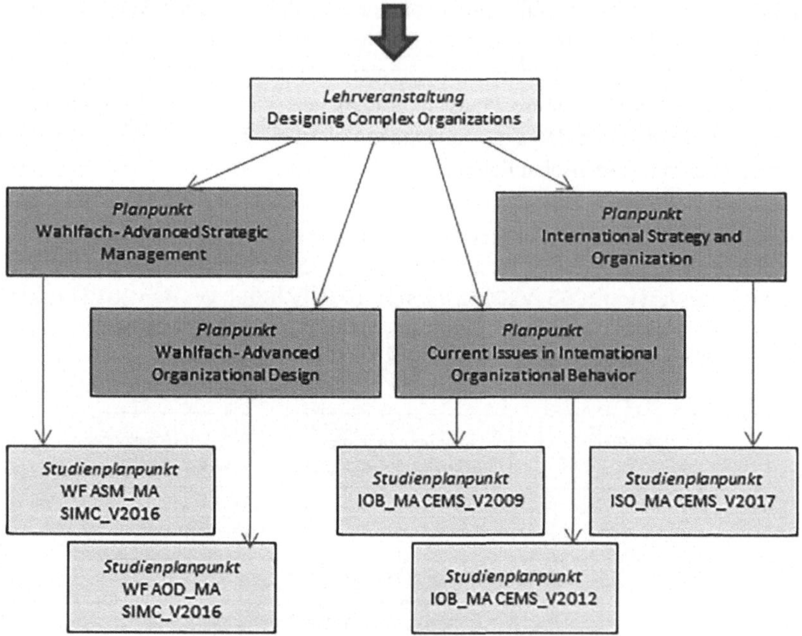

Abb. 3.4 Zusammenhang Planpunkt und Lehrveranstaltung: Lehrveranstaltung bedient mehrere Planpunkte. (Quelle: Eigene Darstellung)

Die Studierenden melden sich über den Studienplanpunkt ihres Curriculums für eine Lehrveranstaltung an, die Note der beurteilten Lehrveranstaltung wird auf den Planpunkt übertragen und gilt bei einer positiven Beurteilung als erfüllt.

3.4 Berichtswesen

Zum Zeitpunkt der Einrichtung des Akademischen Controllings als eigene Abteilung, lag seine Hauptaufgabe im Aufbau eines Berichtswesens für den Bereich Lehre und Studierende. Mittlerweile wurde ein stabiles Fundament im Berichtswesen gelegt, ein Ausbau des Berichtsportfolios und eine permanente inhaltliche Weiterentwicklung von bestehenden Berichten bleiben dennoch selbstverständlich. Dies ist der Vielfalt der mittlerweile zu servicierenden Stakeholder als Berichtsempfänger und die wachsenden Anforderungen an Berichtsinhalte geschuldet.

Bereits das Universitätsgesetz 2002 definiert in § 16, dass Universitäten ein Berichtswesen einzurichten haben, wenngleich der Fokus dieser Intention auf dem Bereich des Finanzwesens liegt. Nichtsdestotrotz hat sich auch im Bereich der Lehre ein dringlicher Bedarf nach einem Berichtswesen entwickelt. Das Berichtswesen richtet sich dabei sowohl an universitätsinterne Entscheidungsträger als auch an universitätsexterne Empfänger. Entscheidend für den erfolgreichen Einsatz und die Akzeptanz von Berichten ist zweifelsohne die Empfängerorientiertheit, die sich durch die richtige Auswahl, Aggregation und Aufbereitung der relevanten Daten und Kennzahlen determinieren lässt (Eschenbach et al. 2005, S. 142). Maßgeblich ist zudem eine eindeutige Definition von Kennzahlen, denn nur wenn sich erkennen lässt, was hinter der Kennzahl steckt, lassen sich auch die richtigen Schlüsse daraus ziehen. Oft sind bei Kennzahlen je nach Verwendungszweck Differenzierungen in der Ausprägung oder Schichtung erforderlich, weshalb für denselben Parameter (bspw. zugelassene Studierende oder Absolventen) unterschiedliche Kennzahlendefinitionen notwendig werden. Ferner gewinnt der Berichtsempfänger inhaltliche Erkenntnisse, wenn der Berichtsinhalt vom Berichtsersteller interpretiert wird und Ursachen und Wirkungszusammenhänge erklärt werden (Graf und Link 2010, S. 378 f.). Eine zusätzliche Möglichkeit die Ergebnisse für Entscheidungen besser nutzbar zu machen, liegt in ihrer grafischen Aufbereitung. Datenvisualisierungen erlauben den Blick auf die wesentlichen Punkte zu lenken und reduzieren oft die Komplexität (Ziegele et al. 2008, S. 11). Aus all diesen Gründen ist es für den Berichtsersteller eine entscheidende Fähigkeit, sich in den Berichtsempfänger versetzen zu können.

Für die universitätsexterne Berichterstattung steht üblicherweise genau vorgeschrieben, welche Informationen zu berichten sind, auch der Zeitpunkt und der Berichtsrhythmus ist bestimmt. Dem ist für die universitätsinterne Berichtslegung in der Regel nicht so, vielmehr ist für jeden einzelnen Bericht festzulegen,

- wozu er dienen soll,
- an wen er sich richten soll,

- welche Informationen er enthalten soll,
- wie er übermittelt werden soll sowie
- wann er zur Verfügung gestellt werden soll (Blohm 1982, S. 868).

Um den Aufwand für die Berichterstellung zu minimalisieren, empfiehlt es sich, den Informationsbedarf über einen Standardbericht abzudecken, der sich idealerweise auf Knopfdruck regenerieren lässt. Ein Standardbericht zeichnet sich vor allem dadurch aus, dass der Berichtszweck, der Berichtsinhalt sowie die Aufbereitung der Daten unverändert bleibt. In der Praxis zeigt sich allerdings, zumindest in Bezug auf den Informationsbedarf an lehr- und studierendenbezogenen Daten, dass sich nur die wenigsten Berichte standardisieren lassen, zu vielfältig und kontextbezogen sind die Fragestellungen, auf die ein Bericht eine Antwort geben sollte. Häufig entsteht ein Informationsbedarf anlassbezogen, der selbst bei Betrachtung desselben Indikators eine spezifische Ausgestaltung der Datenabfrage und der Abfragefilter erforderlich macht. Das ist einer der Gründe, weshalb das Adhoc-Reporting floriert. Ein anderer liegt im Wissen über die Verfügbarkeit von Daten, das bei allen möglichen Stakeholdern das Interesse weckt, diese Daten für einen bestimmten Zweck auch auswerten, analysieren und interpretieren zu wollen.

Eine Möglichkeit zur Strukturierung des Berichtswesens ist jene nach seiner Funktionalität. Diese leitet sich zugleich aus dem verfolgten Berichtszweck und von seinem Empfänger ab. Die grundlegendsten Intentionen eines Berichts sind das betriebliche Geschehen abzubilden, anhand der zur Verfügung gestellten Daten bessere Entscheidungen zu treffen und über ausgewählte Aspekte umfangreicher zu informieren. Im Zusammenhang mit Universitäten zählen zu den Empfängern das Ministerium und die breite Öffentlichkeit, die internen Entscheidungsträger sowie die verschiedensten internen und externen Anspruchsgruppen (Eschenbach et al. 2005, S. 147 f.). Das im Akademischen Controlling der WU funktional ausgerichtete Berichtswesen differenziert sich demnach hinsichtlich einer

- Rechenschaftslegungsfunktion
- Entscheidungsunterstützungsfunktion
- Informationsunterstützungsfunktion

Die Abgrenzung zum Performance Measurement (Abschn. 3.6) ist eine enge und oft nicht ganz eindeutige. Gewöhnlich wird beim Performance Measurement eine determinierte Leistung ins Visier genommen, die fortlaufend gemessen, analysiert und interpretiert wird. Ein Standardbericht hingegen ist meistens inhaltlich umfassender, die Zahlen darin sind höher aggregiert (oft auch im Rahmen eines

Executive Summary) und die Empfängergruppe ist breiter. Das Ad-hoc-Reporting wiederum ist individueller und wird anlassbezogen durchgeführt. Grundsätzlich stellt sich bei der Ausgestaltung von Berichten jedenfalls die Frage des Informationsgehalts. Je inhaltlich umfassender ein Bericht ist, desto weniger Einzelberichte sind notwendig, da durch die Breite auch größere Informationsbedarfe gedeckt werden können. Gleichzeitig besteht die Gefahr, dass ein Bericht überladen und unübersichtlich wird. Das ist bei der Konzeption von Berichten abzuwägen (Eschenbach et al. 2005, S. 150 f.).

Im Folgenden werden beispielhaft Berichte der WU skizziert, die durch das Akademische Controlling gestaltet wurden oder für die eine Zulieferung von lehr- und studierendenbezogenen Daten erfolgt.

3.4.1 Reporting zur Rechenschaftslegung

Die Finanzierung der Universitäten erfolgt zum Hauptteil durch die öffentliche Hand. Demnach ist das Verlangen der Steuerzahler, der politischen Akteure und vor allem des für Universitäten zuständigen Ministeriums nach einer Rechenschaft, was die Universitäten leisten und welche gesellschaftlichen Aufträge sie wie erfüllen, nachvollziehbar. Für letztere gilt das insbesondere auch für die Verhandlung des universitären Gesamtbudgets mit dem Finanzministerium. Einerseits wird das Leistungsspektrum der Universitäten in den dreijährigen Leistungsvereinbarungen aufgezeigt, im Sinne eines Standardberichts ist jedoch die jährlich zu legende Wissensbilanz zur Rechenschaftslegung zu nennen. Die Wissensbilanz und ihre Kennzahlen sind in einer eigenen Verordnung geregelt, ihr gesetzlicher Auftrag ergibt sich aus dem Universitätsgesetz (§ 13 (6) UG 2002). Mit der Wissensbilanz sollen neben dem Rechnungsabschluss auch die nicht-monetarisierbaren Leistungen der Universität ausgewiesen werden, die sich in Kennzahlen

- des intellektuellen Vermögens (z. B. Personalstand, Frauenquoten, Gender Pay Gap, Mobilität des wissenschaftlichen Personals),
- der Kernprozesse in Lehre und Forschung (z. B. Studierende und Studien, Prüfungsaktivität, Habilitierte pro Curriculum, Studienabschlussquote, Mobilitätsstudierende, Doktoratsstudierende) sowie
- des Outputs und der Wirkungen der Kernprozesse in Lehre und Forschung (z. B. Studienabschlüsse, wissenschaftliche Veröffentlichungen, Patente)

abbilden. Die Wissensbilanzen der einzelnen Universitäten sind im Data Warehouse Hochschulbereich des Bundesministeriums für Wissenschaft, Forschung und

Wirtschaft öffentlich zugänglich (https://oravm13.noc-science.at/apex/f?p=103:6:0::NO::P6_OPEN:N. Zugegriffen: 10.07.2017).

Als universitätsintern entwickelte Standardberichte zur Rechenschaftslegung haben sich der Gleichstellungsbericht sowie der Jahresbericht etabliert. Ersterer gibt Auskunft über Geschlechterverhältnisse in allen organisatorischen Bereichen, der Lehre und der Forschung. In Bezug auf die Lehre enthält der Bericht geschlechterbezogene Zahlen zu den belegten Studien und den Studienabschlüssen, zur abgehaltenen Lehre nach Lehrpersonalkategorie und Organisationszugehörigkeit der Lehrenden sowie zum genderspezifischen Lehrveranstaltungsangebot. Auch für den Jahresbericht werden Zulassungszahlen und die Anzahl der Studienabschlüsse vom Akademischen Controlling geliefert. Darüber hinaus erfolgt durch die Vizerektorin für Lehre und Studierende eine semesterweise Berichterstattung an den Universitätsrat. Den interessiert neben den Zulassungs- und Absolventenzahlen auch die Entwicklung des Lehraufwands, der Aktivität der Studierenden im Sinne von Lehrveranstaltungsanmeldungen und Prüfungsantritten sowie der Drop-out-Quote in den beiden Bachelorstudien.

Zudem ist eine Rechenschaftslegung gegenüber dem Rechnungshof jederzeit denkbar. Auch gelegentliche parlamentarische Anfragen des Nationalrats sind durch ein Ad-hoc-Reporting abzudecken.

3.4.2 Reporting zur Entscheidungsunterstützung

Den Entscheidungsträgern sollen mithilfe eines Berichtswesens jene Informationen zur Verfügung gestellt werden, die zur Planung, Kontrolle und Steuerung ihres Aufgabengebiets erforderlich sind. Dies bedingt zum einen, dass die für eine bestimmte Entscheidungsfindung zweckmäßigen Daten und Kennzahlen verwendet werden, zum anderen sollen die dargestellten Informationen verständlich, nachvollziehbar und valide sein (Eschenbach et al. 2005, S. 148). Ergänzend dazu empfiehlt es sich, Definitionen von Daten und Kennzahlen im Bericht zu beschreiben und auch zu erklären, was sich daraus ableiten lässt und was damit nicht ausgesagt werden kann.

Der im Akademischen Controlling inhaltlich umfangreichste Standardbericht ist derzeit in Entwicklung und richtet sich an die Programmdirektoren der Masterstudien (Bericht Lehr- und Studierendendaten). Die darin dargestellten Daten sollen zum einen dabei helfen, quantitative Aussagen über das betreffende Masterprogramm treffen zu können und zum anderen die operative Steuerung zu unterstützen. Dementsprechend sind für den Bericht folgende Inhalte geplant:

- eine Übersicht der wichtigsten Kennzahlen (bspw. Lehrveranstaltungsauslastung, angebotene Lehrveranstaltungsplätze, durchschnittliche Lehrveranstaltungsgröße, Gesamtnotendurchschnitt, Studienabschlussquote, durchschnittliche Studiendauer)
- der Studienfortschritt nach Planpunkten auf Studierendenebene (dadurch ist erkennbar, wie viele Studierende noch welchen Planpunkt benötigen und wann jemand zuletzt studienaktiv war)
- der Studienfortschritt nach ECTS-Anrechnungspunkten (Anzahl der Studierenden pro festgelegtem ECTS-Cluster)
- die eingesetzte Lehre nach Lehrpersonalkategorien und Departments
- das Lehrveranstaltungsangebot und die -nachfrage für jeden Planpunkt
- die Anzahl der Anfänger, Abbrecher und Abschließer sowie die durchschnittliche Studiendauer jeder Anfängerkohorte

Deutlich häufiger jedoch wird zur Entscheidungsunterstützung das Ad-hoc-Reporting eingesetzt. Die anlassbezogenen Informationsbedarfe der Entscheidungsträger sind sehr vielfältig und reichen von der Frage, bei welchem Studienfortschritt absolvieren Studierende gewöhnlich ein Austauschsemester bis hin zu, wie sich die Einführung eines Aufnahmeverfahrens auf die Prüfungsaktivität ausgewirkt hat. Schließlich kommt auch der Prognose kritischer Kennzahlen eine zunehmende Bedeutung zu, die im Sinne eines Frühwarnsystems entscheidungsunterstützend eingesetzt wird.

3.4.3 Reporting zur Informationsunterstützung

Die Informationsunterstützung durch das Berichtswesen geht über die Gruppe der Entscheidungsträger hinaus. Vielmehr zeigen alle möglichen universitätsinternen und -externen Stakeholder Interesse an Zahlen aus dem Bereich der Lehre und Studierenden, das können Kollegen aus anderen Dienstleistungseinrichtungen, Studierende selbst, Medien und Presse oder Unternehmen sein. Die an der WU am häufigsten angefragten Informationsbedarfe beziehen sich dabei auf Zulassungszahlen und Studienabschließer. Für diese beiden Themen wurde deshalb ein jeweils eigener Standardbericht entwickelt, der zwar umfangreich, jedoch eindimensional und einfach ausgestaltet ist, um mit einem Bericht möglichst alle Fragen der verschiedenen Stakeholder beantworten zu können. Der verantwortliche Berichtsersteller sollte dazu die wesentlichen Informationsbedarfe kennen. Durch einen solchen standardisierten Bericht wird zudem nicht nur der Aufwand für die Datenauswertung minimiert, auch eine einheitliche Daten- und Definitionsbasis von Kennzahlen lässt sich dadurch schaffen, die folglich für alle Stakeholder gleichermaßen gilt (und sich damit kursierende unterschiedliche Zahlenwerte vermeiden lassen).

Im Zulassungsreport werden einerseits die zugelassenen Studierenden (Personen), andererseits auch die belegten Studien dargestellt und auf Gesamtebene, nach Studienarten sowie nach einzelnen Studien ausgewiesen (nachdem eine Person mehr als ein Studium geöffnet haben kann, muss die Anzahl der belegten Studien mindestens gleich hoch sein wie die Anzahl der zugelassenen Studierenden). Ferner ist die Anzahl der Studienanfänger von Interesse, die unterschiedlich definiert werden können. Eine Möglichkeit ist auf den Eintritt in die Universität abzustellen, wodurch jemand innerhalb der Universität nur einmal Anfänger sein kann. Eine andere Betrachtung bezieht sich auf das jeweilige Studium, wodurch eine Person in jedem Studium einmal Anfänger ist. Des Weiteren werden Informationen zum Geschlecht und zur Nationalität bereitgestellt. Der Zulassungsreport wird semesterweise erstellt und an das Rektorat sowie an die Dienstleistungseinrichtungen in der Verwaltung proaktiv elektronisch verteilt, für die Anfragen der anderen Stakeholder ermöglicht der Bericht einen schnellen Zugriff auf die relevanten Zahlen. Die Absolventenstatistik wird im Vergleich dazu nur einmal pro Studienjahr generiert. Darin enthalten ist die Anzahl der Studienabschließer jedes einzelnen Studiums sowie auf Studienarten aggregiert, eine zeitliche Verlaufsperspektive wird wie auch im Zulassungsreport berücksichtigt. Für das Berichtsstudienjahr werden darüber hinaus das Geschlecht und die Nationalität als zusätzliche Schichtungsmerkmale ausgewiesen.

Alle nicht durch Standardberichte gestillten Informationsbedarfe der Stakeholder werden durch individuelle Datenabfragen abzudecken versucht. In diesem Zusammenhang bedeutet Empfängerorientierung allerdings nicht, dass alle Anforderungen auch erfüllt werden können. Wichtig ist zunächst die Anforderung und den Kontext zu kennen, um zu beurteilen, ob die entsprechenden Daten überhaupt erfasst und auswertbar sind. Zudem können Daten und Kennzahlen je nach Sensibilitätsgrad nicht allen Personen bereitgestellt werden. Ist die Anforderung jedoch erfüllbar und wird die Datenabfrage zugesagt, spielen die Serviceorientierung, die Transparenz des Erstellungsprozesses, die verständliche Aufbereitung der Daten und Interpretation der Ergebnisse sowie die Termintreue eine wesentliche Rolle (Ziegele et al. 2008, S. 29 f.).

3.5 Lehrveranstaltungscontrolling

Neben dem Berichtswesen für die Lehre führt das Akademische Controlling eine Vielzahl an lehrebezogenen controllingspezifischen Aktivitäten durch. Darunter fallen insbesondere Aufgaben der Planung und Optimierung des Lehrveranstaltungsangebots, das Monitoring der Lehrveranstaltungsauslastung und der

Lehrveranstaltungsanmeldungen sowie die Beurteilung der ressourcenbezogenen Auswirkungen von Studienplanänderungen. Das alles wurde durch das in den vergangenen Jahren stets knapper werdende Universitätsbudget und davon abgeleiteten Effizienzverbesserungen notwendig. Zusammengefasst werden diese Aktivitäten als Lehrveranstaltungscontrolling.

3.5.1 Lehrveranstaltungsangebot

Die Ankündigung von Lehrveranstaltungen erfolgt an der WU elektronisch mithilfe eines inhouse-programmierten Tools dezentral durch die wissenschaftlichen Organisationseinheiten. Die für eine Lehrveranstaltung notwendigen Daten, wie bspw. der LV-Titel, die Vortragenden und deren Lehranteile sowie die durch die Lehrveranstaltung abzudeckenden Planpunkte, sind zu erfassen, anschließend erfolgt der dreistufige Genehmigungsprozess (siehe Abschn. 3.2). Alle extracurricularen Lehrveranstaltungen unterliegen der finalen Genehmigung der Vizerektorin für Lehre und Studierende. Der Ankündigungsprozess startet etwa sechs Monate vor Semesterbeginn, innerhalb von fünf Wochen sind die rund 1900 Lehrveranstaltungen in jedem Semester zu genehmigen, da entsprechend Zeit für die Buchung der Lehrräume und die Erstellung des elektronischen Vorlesungsverzeichnisses eingeplant werden muss. Schließlich ist für jede einzelne Lehrveranstaltung vom Vortragenden noch der Syllabus zu verfassen, der unter anderem Informationen zu den Learning Outcomes, zum Lehrdesign und zu den Beurteilungskriterien liefert.

Die angekündigten Lehrveranstaltungen werden nach der Genehmigungsphase vom Akademischen Controlling auf Plausibilität geprüft. Für jeden Planpunkt (siehe Abschn. 3.3) werden die Anzahl der Lehrveranstaltungen und die Anzahl der zur Verfügung gestellten Lehrveranstaltungsplätze ausgewertet und den Vorsemesterdaten samt durchschnittlicher Lehrveranstaltungsgröße, der Anzahl der beurteilten Studierenden und der Anzahl der Studierenden ohne einer bzw. mit negativer Beurteilung gegenübergestellt (Abb. 3.5). Letztere ist vor allem dann interessant, wenn die Durchfallquote bei einem Planpunkt volatil ist.

Für eine noch präzisiere Einschätzung des Bedarfs an Lehrveranstaltungsplätzen im kommenden Semester werden zudem Informationen zu den im Vorsemester auf den Wartelisten verbliebenen Studierenden berücksichtigt. Ebenfalls eine Rolle spielt die Anzahl der Studierenden, die den betrachteten Planpunkt noch benötigen und im kommenden Semester zur Absolvierung berechtigt sind. Hingegen nicht planbar bleibt das Studierendenverhalten, das mitunter zu großen unvorhersehbaren Schwankungen führt und oft rational nicht begründbar ist.

LV-Angebot auf Planpunktebene im Bachelorstudium

Datenstand: 25.05.2017, 23:30

Planpunktbezeichnung	LV-Typ	SSt	ECTS		WS 2013	SS 2014	WS 2014	SS 2015	WS 2015	SS 2016	WS 2016	SS 2017	WS 2017
Planpunkt 1	PI	2	4,00	Anzahl LVs	3	3	3	3	3	3	3	3	3
				Anzahl verfügbarer LV-Plätze	75	75	75	75	75	75	75	75	75
				davon für Incomings	19	15	17	14	20	16	14	13	16
				Anzahl LV-Anmeldungen	48	57	64	63	58	50	68	72	
				LV-Auslastung	64%	76%	85%	84%	77%	67%	91%	96%	
				Ø LV-Anmeldungen	16	19	21	21	19	17	23	24	
				Anzahl Beurteilte Studierende	47	55	63	62	58	44	64	65	
				No-Show-Anteil	2%	4%	2%	2%	0%	12%	6%	10%	
				Anzahl Studierende ohne/neg. Beurteilung	6	10	8	6	3	10	12	12	
Planpunkt 2	PI	2	4,00	Anzahl LVs	1	1	1	1	1	1	1	1	1
				Anzahl verfügbarer LV-Plätze	50	50	50	50	50	50	50	50	50
				davon für Incomings									
				Anzahl LV-Anmeldungen	45	48	33	50	48	45	50	55	
				LV-Auslastung	90%	96%	66%	100%	96%	90%	100%	110%	
				Ø LV-Anmeldungen	45	48	33	50	48	45	50	55	
				Anzahl Beurteilte Studierende	44	40	30	42	35	37	37	43	
				No-Show-Anteil	2%	17%	9%	16%	27%	18%	26%	22%	
				Anzahl Studierende ohne/neg. Beurteilung	4	8	10	15	17	12	18	15	
Planpunkt 3	LVP	2	4,00	Anzahl LVs	3	3	3	3	3	3	3	3	3
				Anzahl verfügbarer LV-Plätze	90	90	90	90	90	90	90	90	90
				davon für Incomings							3		2
				Anzahl LV-Anmeldungen	79	82	77	84	80	81	89	89	
				LV-Auslastung	88%	91%	86%	93%	89%	90%	99%	99%	
				Ø LV-Anmeldungen	26	27	26	28	27	27	30	30	
				Anzahl Beurteilte Studierende									
				No-Show-Anteil									
				Anzahl Studierende ohne/neg. Beurteilung									

Abb. 3.5 Daten zum Prüfen des LV-Angebots auf Planpunktebene. (Quelle: Eigene Darstellung)

Im Falle einer abweichenden Einschätzung des Bedarfs durch das Akademische Controlling, kommt es zu einer Interaktion zwischen den ankündigenden Programmverantwortlichen und den Mitarbeitern des Akademischen Controllings. Gemeinsam werden die unterschiedlichen Einschätzungen besprochen und Lösungswege gesucht. In diesen Fällen zeigt die Erfahrung jedenfalls, dass ein dialogisches Vorgehen, in dem versucht wird, den Standpunkt des Anderen zu verstehen und die Situation im Kontext zu beurteilen, die Entscheidungsfindung erleichtert und letztlich auch die Akzeptanz des Akademischen Controllings stärkt. Eine ausgezeichnete Kenntnis des Aufbaus und der Inhalte der Curricula erleichtert dabei die Gesprächsbasis.

Das gesamte Lehrangebot ist auch hinsichtlich des Lehrpersonaleinsatzes zu prüfen. Für den – an der WU zumeist theoretischen – Fall, dass die Lehrverpflichtung der Faculty mehr Lehrangebot determiniert als Studierendennachfrage besteht, können entweder die Normgrößen der Planpunkte verkleinert und damit die Betreuungsrelation verbessert werden, oder die Erfüllung der Lehrverpflichtung wird über einen längeren Durchrechnungszeitraum gerechnet. In der Regel ist jedoch der umgekehrte Zustand der Fall. Die Studierendennachfrage ist in den meisten Planpunkten deutlich höher als das Lehrangebot der Faculty hergibt, weshalb zusätzliche Lehraufträge an forschungsbezogenes Drittmittelpersonal und Externe Lehrende vergeben werden müssen (Folker 2001, S. 117).

3.5.2 Lehrveranstaltungsgrößen und -auslastungen

Die Teilnehmergröße einer Lehrveranstaltung wird zum einen durch den Lehrveranstaltungstyp und zum anderen durch das Lehrveranstaltungsdesign geprägt. Die Anzahl der Lehrveranstaltungstypen ist an der WU sehr überschaubar. Die prüfungsimmanente Lehrveranstaltung (PI) ist mit knapp 90 % aller angebotenen Lehrveranstaltungen die gängigste Form und charakterisiert sich insbesondere durch mindestens drei Teilleistungen für die Beurteilung und einer grundsätzlichen Anwesenheitspflicht der Studierenden. Daneben sieht die Prüfungsordnung noch die Lehrveranstaltung mit Vorlesungscharakter und einer separaten Prüfungssituation (LVP) sowie die fachprüfungsvorbereitende Lehrveranstaltung (FPV) vor. Das Lehrdesign unterscheidet sich innerhalb der LVP und der FPV kaum, innerhalb der PI jedoch beträchtlich. Aus diesem Grund variiert die Lehrveranstaltungsgröße bei der PI besonders stark. Wichtig im Zusammenhang mit der Lehrveranstaltungsgröße ist die Normgröße. Sie wird in Absprache mit dem jeweiligen Programmverantwortlichen unter Berücksichtigung des Lehrdesigns auf Planpunktebene festgelegt, für jede Lehrveranstaltung des Planpunkts gilt somit dieselbe Teilnehmerzahlbegrenzung. Wie bereits bei der Beschreibung des Lehrveranstaltungsangebots angedeutet, ist die Normgröße als Teilungsziffer von Lehrveranstaltungen relevant. Darüber hinaus lassen sich dadurch aber auch Lehrveranstaltungsauslastungszahlen ermitteln. Der Quotient aus der Anzahl der angemeldeten Studierenden und der Normgröße ergibt die Auslastung einer Lehrveranstaltung. Werden für einen Planpunkt mehrere Lehrveranstaltungen angeboten und ist die Auslastung des Planpunkts entsprechend niedrig, ist mit dem Programmverantwortlichen eine Kürzung des LV-Angebots im kommenden Semester zu besprechen. Selbstverständlich ist auch eine Ausweitung des Angebots möglich, falls die Auslastung deutlich über 100 % liegt. Ebenfalls berechnet wird die Auslastungsquote aller Lehrveranstaltungen eines Studienprogramms. Durch den Vergleich der einzelnen Programme zueinander, lässt sich erkennen, bei welchen Programmen die Lehrveranstaltungsauslastung noch genauer analysiert werden sollte und ein Eindruck gewinnen, wie hoch die natürliche Unterauslastung der Universität sein dürfte.

Die Mindestteilnehmeranzahl bei Lehrveranstaltungen an der WU ist mit 10 Studierenden festgelegt (ausgenommen davon sind Doktoratslehrveranstaltungen, die kleiner durchgeführt werden können). Eine Lehrveranstaltungsgröße unter 10 Studierenden erscheint in der Regel didaktisch nicht mehr ganz sinnvoll, aber auch aus Wirtschaftlichkeitsgründen wurde dieser Grenzwert eingeführt. Sobald der Anmeldezeitraum für eine Lehrveranstaltung abgelaufen ist, allenfalls aber bevor die erste Einheit der Lehrveranstaltung stattfindet, und die Anmeldezahl unter 10 Studierenden liegt, wird vom Akademischen Controlling geprüft, ob die Lehrveranstaltung mangels Erreichen der Mindestteilnehmerzahl abgesagt werden muss. Ausnahmen sind möglich, wenn bspw. eine Lehrveranstaltung eines auslaufenden Curriculums das letzte Mal angeboten wird, damit alle dafür angemeldeten Studierenden die Möglichkeit haben, dieses Studium auch abschließen zu können. In der Regel ebenfalls genehmigt wird eine zu kleine Lehrveranstaltung, wenn sie nur einmal im Studienjahr angeboten wird. Wichtig ist jedenfalls eine nach dem Anmeldeende zeitnahe Entscheidung über die Abhaltung, damit im Falle einer Absage sowohl der Vortragende als auch die betroffenen Studierenden umgehend informiert werden können. Aufgrund des rigorosen Monitorings ist der Anteil der mit weniger als 10 Studierenden durchgeführten Lehrveranstaltungen an der WU seit Jahren im Sinken und liegt aktuell bei etwa drei Prozent aller Bachelor-, Master- und extracurricularen Lehrveranstaltungen. Gleichzeitig ist ein gestiegenes Bewusstsein bei den wissenschaftlichen Organisationseinheiten und Programmdirektoren hinsichtlich der Absage von zu kleinen Lehrveranstaltungen zu beobachten, die zunehmend Lehrveranstaltungen mit gering zu erwartender Nachfrage gar nicht mehr ankündigen oder im Vorfeld bereits selbst absagen.

3.5.3 Lehrveranstaltungsanmeldungen und Warteliste

Während die Lehrveranstaltungsauslastung die institutionelle Sichtweise fokussiert und die zu kleinen Lehrveranstaltungen identifizieren soll, zielt das Monitoring der Lehrveranstaltungsanmeldungen und das Wartelistenmanagement auf die ausreichende Anzahl verfügbarer Lehrveranstaltungsplätze für die Studierenden. Für die Lehrveranstaltungen an der WU müssen sich die Studierenden über das Lehrveranstaltungs- und Prüfungsinformationssystem (LPIS) elektronisch anmelden. Im LPIS hat der Studierende für sein Studium das Curriculum als Repertoire auf Studienplanpunktebene abgebildet und erkennt, welche Studienplanpunkte bereits positiv absolviert sind, für welche er die Berechtigung hat sich anzumelden und welche, aufgrund von im Curriculum definierten Voraussetzungsketten, noch nicht möglich sind. Da alle Lehrveranstaltungsanmeldungen – und auch Prüfungsergebnisse – elektronisch erfasst werden, lassen sich diese Daten umfassend auswerten und analysieren. Das ist eine Notwendigkeit für die Durchführung von Studienverlaufsanalysen und die Darstellung des Studienfortschritts von Studierenden.

Sobald die Anmeldephase für die Lehrveranstaltungen für ein Semester begonnen hat, werden die Anmeldungen täglich beobachtet, sowohl auf Lehrveranstaltungs- als auch auf Planpunktebene. Die Anmeldung basiert auf dem First-Come-First-Served-Prinzip. Ist eine Lehrveranstaltung voll gebucht, öffnet sich die Warteliste und die nachfolgenden Anmeldungen werden dort gereiht. Während des Anmeldezeitraums für die betrachtete Lehrveranstaltung, interagieren die zur Verfügung stehenden Lehrveranstaltungsplätze und die Wartelisteneinträge miteinander. Meldet sich jemand von der Lehrveranstaltung wieder ab, erhält der erstgereihte Studierende von der Warteliste einen Platz. Gewöhnlich reagiert das Akademische Controlling erst nach dem Ende der Anmeldefrist, wenn also feststeht, wie viele Studierende auf der Warteliste verblieben sind. Stehen jedoch innerhalb kürzester Zeit nach dem Beginn der Lehrveranstaltungsanmeldung mindestens so viele Studierende auf der Warteliste wie es Lehrveranstaltungsplätze gibt, und sind gleichzeitig auch die angebotenen Parallel-Lehrveranstaltungen (das sind alle Lehrveranstaltungen, die für einen Planpunkt angeboten werden) ausgebucht, besteht ein dringender Handlungsbedarf. Gemeinsam mit dem Programmdirektor wird versucht, das Angebotsproblem zu lösen, in der Regel mithilfe einer zusätzlichen Lehrveranstaltung oder nach räumlicher Möglichkeit durch eine Erhöhung der Plätze in den bestehenden Lehrveranstaltungen. Zudem wird der Planpunkt im nächsten Semester auf die Liste der mithilfe des Wartelistenmanagements durch das Akademische Controlling zu regulierenden Planpunkte übernommen.

Dieser regulierende Eingriff wird bei Planpunkten vorgenommen, für die eine stärkere Nachfrage erwartet wird als Lehrveranstaltungsplätze angeboten werden können. Zu wenig Angebot bei einem Planpunkt kann dazu führen, dass in ihrem Studium weit fortgeschrittene Studierende, die diesen Planpunkt noch benötigen, eine Studienzeitverzögerung erleiden könnten. Je mehr Studierende ohne Lehrveranstaltungsplatz auf der Warteliste verbleiben, desto höher ist die Wahrscheinlichkeit, dass sich darunter solche Fälle befinden. Deshalb werden für die Lehrveranstaltungsanmeldung bei solchen Planpunkten zunächst nicht alle verfügbaren Plätze freigegeben, sondern der restliche Teil den Studierenden auf der Warteliste nach deren Studienfortschritt (in ECTS-Anrechnungspunkten) zugeteilt. Derzeit erfolgt die Zuteilung durch Mitarbeiter des Akademischen Controllings zwar manuell und ist demnach sehr zeitaufwendig, jedoch ist die Resonanz der Studierenden betreffend dieses Verfahrens äußerst positiv. Unabhängig davon, sieht es die WU als ihre Verpflichtung an, weit im ihrem Studium fortgeschrittenen Studierenden einen zügigen Studienabschluss zu gewährleisten. Nicht zuletzt ist einer Vermeidung einer Studienzeitverlängerung auch deshalb große Bedeutung zu schenken, da der Oberste Gerichtshof in Österreich in 2013 der Schadenersatzklage eines Studierenden, der aufgrund einer Nichtaufnahme in eine platzbeschränkte Lehrveranstaltung (und auch in keine Parallellehrveranstaltung) eine Studienzeitverzögerung erlitten hat, stattgegeben und damit einen Präzedenzfall geschaffen hat. Zu klären bleibt in solchen Fällen allerdings die Verschuldens- und folglich die Haftungsfrage. Kann der Universität fahrlässiges Handeln nachgewiesen werden, wird sie für die Schadenersatzleistung selbst aufkommen müssen. Kann sie allerdings glaubhaft machen, dass sie mangels Budget die Studienzeitverzögerung nicht abwenden konnte, tritt die Amtshaftung der Republik Österreich ein, die dazu verpflichtet ist, die Universitäten in dem Ausmaß auszustatten, damit sie ihre gesetzlichen Verpflichtungen erfüllen können (Ring 2013, S. 136 ff.).

Neben der Möglichkeit bei der Vergabe von Lehrveranstaltungsplätzen regulierend eingreifen und Härtefälle vermeiden zu können, liefert die Warteliste überdies Informationen zum tatsächlichen Bedarf an Lehrveranstaltungsplätzen bei den einzelnen Planpunkten. Auf Basis dessen kann besser eingeschätzt werden, ob im laufenden Semester noch zusätzliche Lehrveranstaltungen angeboten werden sollten oder es ausreichend ist, einzelne Lehrveranstaltungen geringfügig zu überbuchen. Auch für die Angebotsplanung des darauffolgenden Semesters kann die Warteliste nützliche Informationen liefern. Aus diesen Gründen gilt für das Lehrveranstaltungscontrolling die Warteliste als eine der wertvollsten in den letzten fünf Jahren eingeführten IT-Unterstützungen.

3.5.4 Studienplanangelegenheiten

Das Curriculum bildet die Rahmenstruktur eines Studiums. Es wird nach österreichischem Recht gemäß § 25 (1) Z 10 UG 2002 durch den Senat bzw. einem vom Senat eingesetzten entscheidungsbefugten Kollegialorgan erlassen und geändert (Mayer 2010b, S. 91 ff.). Das Rektorat hat gemäß § 22 (1) Z 12 UG 2002 ein Recht zur Stellungnahme zu einem Curriculum, kann es in seiner Funktion als zentrales Leitungsorgan allerdings auch untersagen, falls es dem Entwicklungsplan und somit der strategischen Ausrichtung der Universität widerspricht oder nicht bedeckbar ist (Mayer 2010a, S. 80 ff.).

Soll ein neues Studium eingeführt werden, ist das Curriculum zunächst einigen Prüfprozessen durch den Bereich Programmmanagement und Lehr-/Lernsupport zu unterziehen, bevor es dem Senat zur Genehmigung vorgelegt wird. Im Wesentlichen geht es dabei um die Erfüllung WU-weiter Standards und die budgetäre Bedeckbarkeit. Die budgetäre Prüfung übernimmt das Akademische Controlling, indem die erforderlichen Semesterwochenstunden (SSt) für ein Studienjahr den frei verfügbaren Lehrpersonalressourcen (aufgrund von nicht voll ausgeschöpften Lehrverpflichtungen, von zusätzlich zugesagten Personalstellen sowie Mitteln für den Einsatz von Externen Lehrenden) gegenübergestellt werden. Wichtige Parameter für die Berechnung der Lehrnachfrage sind die Kohortengröße der Anfänger sowie die Normgröße, die SSt und der Anrechnungsfaktor (hat den Wert 1, wenn der Planpunkt verpflichtend zu absolvieren ist und kleiner 1, wenn er aus einem Pool von Planpunkten gewählt werden kann) jedes einzelnen Planpunkts. Die Komplexität der quantitativen Prüfung steigt, wenn das neu einzuführende Studium ein bestehendes Studium ersetzt. In diesem Fall sind Auslauffristen für das bestehende Studium einzuhalten, wodurch die beiden Studienprogramme in dieser Zeit um Lehrkapazitäten konkurrieren.

Häufiger als die Einführung neuer ist jedoch die Änderung bestehender Curricula. Die beiden bedeutendsten Gründe dafür liegen in der inhaltlichen Weiterentwicklung des Studiums sowie in veränderten Einschätzungen zur Studierbarkeit des Curriculums. Eine beschränkte Studierbarkeit führt zu „Flaschenhälsen" im Studium (Show-Stopper), die wiederum Studienzeitverzögerungen verursachen. Anders als bei unzureichendem Studienangebot sind diese oftmals die Konsequenz von im Curriculum festgelegten Voraussetzungsketten (Sequenzierungen) und anderen prüfungsbezogenen Barrieren. Das Akademische Controlling versucht über die Analyse der Studienaktivität jener Studierenden, die eine curriculare Voraussetzung für das weiterführende Studium noch nicht erfüllen, einzuschätzen, ob eine an sich qualitativ begründete Sequenzierung auch ungewollte quantitative Wirkungen zeigt. Ein durch die Sequenzierung verursachtes Nadelöhr wäre dann zu vermuten, wenn diese Studierenden unterdurchschnittlich wenige Lehrveranstaltungsanmeldungen im betrachteten Semester vorweisen. Auch Studierende, die für einen Planpunkt berechtigt sind, aber diesen noch nicht positiv absolviert haben, lassen auf einen Flaschenhals schließen, wenn die Anzahl der Studierenden vergleichsweise hoch ist. Durch ein kontinuierliches Monitoring der berechtigten Studierenden sowie der Durchfallquoten und der durchschnittlichen Anzahl von Prüfungsantritten pro Planpunkt können Show-Stopper möglichst frühzeitig identifiziert werden. Liegt dem Planpunkt eine besonders hohe studentische Workload zugrunde, lässt sich in solchen Fällen bspw. gegensteuern, indem der Planpunkt durch eine Studienplanänderung geteilt und somit die Workload besser bewältigbar wird. Für eine angemessene Studierbarkeit wäre ganz allgemein zu empfehlen, das Curriculum im Hinblick auf ECTS-Anrechnungspunkte und tatsächlichen Arbeitsaufwand für die Studierenden regelmäßig zu evaluieren. All diese Maßnahmen zielen auf die Sicherstellung einer strukturellen Studierbarkeit ab. Eine solche wird institutionell verantwortet, indem die Universität Strukturen schafft, die den Studierenden den Studienerfolg ermöglichen (Burck und Grendel 2011, S. 101 ff.).

Eine Studienplanänderung bringt in der Regel eine neue Studienplanversion mit sich. Mit dem Inkrafttreten des neuen Studienplans, das gesetzlich ausschließlich mit 1. Oktober eines Jahres möglich ist, beginnt die Auslauffrist für den bislang geltenden Studienplan. Dazu sieht das Universitätsgesetz für jedes Studium eine Übergangsfrist von der Mindeststudiendauer plus ein Toleranzsemester vor. Innerhalb dieser Frist müssen die Studierenden ihr Studium in der auslaufenden Version abschließen, andernfalls werden sie amtswegig der neuen Version unterstellt. Um den Studierenden in einer auslaufenden Studienplanversion eine Planungssicherheit garantieren zu können, wird vom Akademischen Controlling, in Abstimmung mit dem Programmdirektor, ab dem Inkrafttreten des neuen Studienplans das gesamte Lehrveranstaltungsangebot für die alte Version festgelegt. Als Datenbasis dienen dazu die Anzahl der zugelassenen Studierenden, die Anzahl der Studierenden, die den betrachteten Planpunkt noch nicht erfolgreich absolviert haben sowie die aktuelle Durchfallquote des Planpunkts (Abb. 3.6). Der rechte Teil der Tabelle mit der Information, welcher Planpunkt bis wann angeboten wird, wird den Studierenden kommuniziert, die anderen Daten dienen der internen Planung.

3.6 Performance Measurement

Ein weiterer Fokus liegt auf der Leistungsmessung und der Steuerung durch Kennzahlen im Bereich der Lehre. Die Beweggründe dafür sind vielfältig. Ganz allgemein ist seit vielen Jahren zu beobachten, dass Hochschulen in zunehmendem Ausmaß gezwungen sind bzw. auch aus eigenem Interesse einen Anreiz

Geplantes LV-Angebot für das auslaufende Masterstudium Wirtschaftsrecht (Version 2014)

Datenstand: 02.06.2016, Akademisches Controlling

Anzahl der zugelassenen Studierenden	268

Fach	LV-Typ	PP-TID	SSt	ECTS	Planpunktbezeichnung	Anzahl Studierende				Geplantes LV-Angebot				
						PP fehlt noch	LV-Anmeld im SS 2016	Durchfall-quote	zu erwarten	WS 2016	SS 2017	WS 2017	SS 2018	WS 2018
Privatrecht einschließlich zivilgerichtliches Verfahren	PI	6396	2	4,00	Gesellschafts- und Kapitalmarktrecht	167	56	27%	**127**	X	X	X		
	PI	6603	3	9,00	Zivilgerichtliches Verfahren	186	42	19%	**152**	X	X	X	X	X
	Wahl 1-aus-4 (6 ECTS)													
	PI	6604	2	6,00	Internationales Vertragsrecht/Kaufrecht	102	31	5%	**78**	X	X	X		
	PI	6605	2	6,00	Law of International Commerce	128	54	4%	**63**		X		X	
	PI	6606	2	6,00	International Corporate and Financial Law	156	25	10%	**38**	X		X		
	PI	6607	2	6,00	International Dispute Resolution	131	22	4%	**42**		X		X	
	Wahl 1-aus-3 (6 ECTS)													
	PI	6481	3	6,00	Wettbewerbs-/Immaterialgüterrecht	115	29	11%	**98**	X	X	X		
	PI	6399	3	6,00	Privates IT-Recht	92	44	8%	**72**		X		X	
	PI	6608	3	6,00	Rechtsvergleichung im Privat- und Handelsrecht	207	0	0%	**23**	X				
Öffentliches Recht	PI	6610	2	5,00	Allgemeines Verwaltungsrecht in europäischer Perspek	189	64	14%	**134**	X	X	X	X	
	Wahl 1-aus-3 (5 ECTS)													
	PI	6611	2	5,00	Grund- und Menschenrechte	111	28	2%	**52**	X	X			
	PI	6614	2	5,00	Legal Theory	198	15	3%	**93**	X		X		X
	PI	6621	2	5,00	Verfassungsgerichtsbarkeit	151	64	3%	**78**	X	X			
	Wahl 1-aus-4 (5 ECTS)													
	PI	6527	2	5,00	Umweltrecht	126	24	2%	**78**	X	X		X	
	PI	6622	2	5,00	Recht elektronischer Massenmedien	105	32	8%	**64**	X	X		X	
	PI	6623	2	5,00	Vergaberecht	131	32	6%	**47**	X		X		
	PI	6624	2	5,00	Europäisches Außenwirtschaftsrecht	178	29	4%	**33**		X			
Steuerrecht	PI	6729	2	5,00	Unternehmenssteuerrecht	180	54	7%	**130**	X	X	X	X	
	PI	6761	2	5,00	Internationales Steuerrecht	153	23	5%	**132**	X	X	X	X	
	PI	6525	1	1,00	Ausländisches Steuerrecht	162	27	4%	**137**	X	X	X	X	
Arbeits- und Sozialrecht	PI	6538	2	4,00	Grundlagen des Europäischen Arbeits- und Sozialrecht	114	59	4%	**58**	X	X			
	PI	6539	2	4,00	Spezialthemen zum Europäischen Arbeits- und Sozialr	148	30	2%	**119**	X	X	X	X	
Strafrecht	PI	6628	2	4,00	Strafrecht I: Wirtschafts- und Finanzstrafrecht	166	55	13%	**119**	X	X	X	X	
	PI	6629	2	4,00	Strafrecht II: Strafprozessrecht	187	51	11%	**142**	X	X	X	X	X

Legende:

"X" bedeutet, dass in diesem Semester eine Lehrveranstaltung für den Planpunkt angeboten wird.

PP ... Planpunkt

Abb. 3.6 Lehrveranstaltungsangebot für eine auslaufende Studienplanversion (Ausschnitt aus dem Curriculum mit fiktiven Daten). (Quelle: Eigene Darstellung)

haben, die Organisation der Lehre auch an betriebswirtschaftlichen Gesichtspunkten auszurichten. Die verfügbaren Daten dienen als Grundlage, um Prozesse effizient zu gestalten, Ressourcen effektiv einzusetzen sowie Entscheidungen zu treffen und legitimieren zu können. Darüber hinaus ist die Forderung nach evidenz-, sprich auf Daten basierenden Entscheidungen gestiegen, die entweder durch eine anlassfallbezogene Datenanalyse oder durch die Betrachtung von Kennzahlen erfolgt. Neben verschiedenen Verfahren der Evaluation, wie bspw. Befragungen, finden zur Beurteilung von Hochschulleistungen in der Lehre zunehmend statistische Studierendendaten sowie Leistungsdaten der Akteure Einzug in die Hochschulverwaltung (Pohlenz und Seyfried 2008, S. 89). Die Messung von quantitativen Leistungen auf Ebene Studierender, einzelner Lehrender und wissenschaftlicher Organisationseinheiten unterstützt die Universitätsleitung beim Erkennen von quantitativen Engpässen, Allokationsentscheidungen und in Verhandlungssituationen. Konsequenterweise fließt die Leistungsmessung in Zielvereinbarungen zwischen der Universitätsleitung und einer Organisationseinheit ein. Grundlegend ist allerdings, dass die Leistungen und Ziele operationalisierbar sind (Sandberg 2002, S. 451). Durch Performance Measurement-Aktivitäten soll ermöglicht werden,

- aus der Vergangenheit zu lernen,
- die Gegenwart zu beurteilen,
- die Zukunft zu steuern und zu wissen, wann ein Ziel erreicht ist.

In diesem Zusammenhang ist auch entscheidend darauf hinzuweisen, dass nur jene Leistungen steuerbar sind, die auch gemessen werden können (Tonchia und Quagini 2010, S. 3).

Das Hauptaugenmerk des Performance Measurement im Akademischen Controlling bezieht sich auf die Aufgaben des Vizerektorats für Lehre und Studierende, in strategisch relevanten Themen der Lehre wird das gesamte Rektorat adressiert. Die Performancemessungen beziehen sich dabei auf die Studierenden, die Lehrenden sowie die Organisationseinheiten der WU. Zusätzlich können auch noch andere Stakeholder Interesse an Performancemessungen im Hochschulbereich haben, deren Informationsbedarfe gewöhnlich ziemlich heterogen sind (Rassenhövel 2010, S. 29). Darunter fallen bspw. das Ministerium (als Geldgeber), der Rechnungshof (als Prüforgan) oder andere Hochschulen (als Mitbewerber). Auf diese Stakeholder wird an dieser Stelle allerdings nicht genauer eingegangen.

3.6.1 Performance von Studierenden

Österreich gilt grundsätzlich noch als Land mit freiem Hochschulzugang, seit einigen Jahren weicht dieses Paradigma aber immer stärker auf, die Anzahl der zulassungsbeschränkten Studien ist im Steigen begriffen. Durch die Auswahl von Studienanfängern lässt sich der Input steuern. Einige Möglichkeiten mehr zur Steuerung bestehen allerdings während des Studiums. Darunter fällt eine Reihe von Leistungsparametern, die im Zusammenhang mit Kapazitäten und Ressourcen der Universität stehen und im Fokus der Messung der Studierendenperformance liegen. Im Konkreten ist das

- die Prüfungsaktivität,
- die Drop-out-Quote,
- die durchschnittliche Studiendauer sowie
- die Studienverlaufsanalyse.

Am Bedeutendsten für das Rektorat ist in jüngster Zeit die Quantifizierung der Prüfungsaktivität, zumal in der österreichischen Hochschulpolitik betreffend die Universitätsfinanzierung eine epochale Wende bevorsteht. Anstatt eines in der Leistungsvereinbarung zwischen der Universität und dem Ministerium festgelegten, dreijährigen Globalbudgets, soll die Finanzierung in Zukunft auf einem 3-Säulen-Modell basieren, zusammengesetzt aus den Säulen Lehre, Forschung sowie Infrastruktur und strategischer Entwicklung. Obwohl die genaue Ausgestaltung des Modells noch offen ist, zeichnet sich für die Lehre erstmals ein Konzept der Studienplatzfinanzierung ab, in dem den prüfungsaktiven Bachelor-, Master- und Diplomstudien eine hohe Bedeutung zukommen wird. Als prüfungsaktiv soll ein Studium dann gewertet werden, wenn der Studierende im betrachteten Studium mindestens 16 ECTS-Anrechnungspunkte (oder 8 SSt) in einem Studienjahr erfolgreich absolviert. Daher ist es relevant, die Anzahl der prüfungsaktiven Studien zu berechnen und vor allem auch das Ausmaß der Aktivität in jedem Studium zu analysieren. Typische Fragestellungen sind dabei: Wie viele Studierende erwerben wie viele ECTS-Anrechnungspunkte? Liegen sie damit über oder unter der Prüfungsaktivitätsgrenze? Welche Maßnahmen können ergriffen werden, damit Studierende prüfungsaktiver werden? Für diese Fragestellungen werden Studienaktivitätsanalysen durchgeführt. Gleichzeitig wird auch die Prüfungsaktivitätsquote einer Anfängerkohorte für jedes Studienjahr sowie aller zugelassenen Studierenden eines Studiums im Zeitverlauf im Auge behalten (Abb. 3.7 und 3.8).

Prüfungsaktive Bachelor- und Masterstudien pro Studienjahr

Datenstand: 03.11.2016

Anzahl der prüfungsaktiven Studien (mindestens 16 ECTS-Anrechnungspunkte)	StJ 2012/13	StJ 2013/14	StJ 2014/15	StJ 2015/16
Bachelorstudium A	492	491	473	464
Bachelorstudium B	624	716	896	1.019
Masterstudium C	228	236	276	266
Masterstudium D	300	374	396	432
Masterstudium E	178	174	207	220
Masterstudium F	157	136	147	151
Masterstudium G	47	53	87	113

Prüfungsaktivitätsquote aller zugelassenen Studierenden eines Studiums	StJ 2012/13	StJ 2013/14	StJ 2014/15	StJ 2015/16
Bachelorstudium A	56,9%	63,1%	65,8%	67,2%
Bachelorstudium B	35,4%	41,2%	43,5%	44,8%
Masterstudium C	98,7%	100,0%	94,2%	93,7%
Masterstudium D	89,1%	90,1%	89,7%	86,6%
Masterstudium E	95,2%	95,6%	95,2%	86,4%
Masterstudium F	85,5%	73,6%	80,6%	85,0%
Masterstudium G	86,7%	79,4%	78,8%	77,5%

Abb. 3.7 Prüfungsaktive Bachelor- und Masterstudien sowie Prüfungsaktivitätsquoten pro Studienjahr (fiktive Daten). (Quelle: Eigene Darstellung)

Aus der Analyse der Prüfungsaktivität an der WU lässt sich jedenfalls ableiten, dass eine Überschreitung der Prüfungsaktivitätsgrenze im ersten Studienjahr die Wahrscheinlichkeit für einen erfolgreichen Studienabschluss erhöht. Zusätzlich wurden Einflussfaktoren für die Prüfungsaktivität untersucht und festgestellt, dass die Erwerbstätigkeit, die soziale Herkunft aus bildungsfernen Schichten, ein später Zeitpunkt der Studienwahl sowie eine fehlende Orientierung zu Studienbeginn mit der Prüfungsaktivität negativ korreliert.

Auf Basis der Erfahrungswerte der Prüfungsaktivitätsquoten und der Prognose der Anfängerzahlen für die kommenden Jahre werden die zukünftigen prüfungsaktiven Studien geschätzt. Es ist sowohl von den Universitäten als auch dem Ministerium ein geteiltes bildungspolitisches Ziel, die Anzahl der prüfungsaktiven Studien zu erhöhen. Österreichweit soll bis zum Studienjahr 2020/2021 ein Anstieg um mehr als 15 % (im Vergleich zum Studienjahr 2014/2015) realisiert werden. Dadurch würde der Anteil der prüfungsaktiven Studien an den belegten Studien von 52 % (Studienjahr 2014/2015) auf 56 % (Studienjahr 2020/2021) steigen (Bundesministerium für Wissenschaft, Forschung und Wirtschaft 2015, S. 45).

Prüfungsaktivität im Masterstudium Y

Datenstand: 03.11.2016

Clusterung der Prüfungsaktivität aller zugelassenen Studierenden

Masterstudium Y		StJ 2012/13	StJ 2013/14	StJ 2014/15	StJ 2015/16
ECTS-Cluster (absolut)	0	8	7	10	8
	0,50 - 7,75	5	7	8	10
	8,00 - 15,75	12	9	4	9
	16,00 - 23,75	62	59	72	69
	24,00 - 31,75	74	68	69	55
	32,00+	31	34	22	38
	prüfungsaktiv	**167**	**161**	**163**	**162**
ECTS-Cluster (relativ)	0	4%	4%	5%	4%
	0,50 - 7,75	3%	4%	4%	5%
	8,00 - 15,75	6%	5%	2%	5%
	16,00 - 23,75	32%	32%	39%	37%
	24,00 - 31,75	39%	37%	37%	29%
	32,00+	16%	18%	12%	20%
	prüfungsaktiv	**87%**	**88%**	**88%**	**86%**
Anzahl zugelassener Studierender		192	184	185	189

Prüfungsaktivitätsquote der Anfängerkohorte für jedes Studienjahr

Masterstudium Y		Prüfungsaktive Studien [in % der Anfängerkohorte]			
Anfängerkohorte	**Studienanfänger**	**im 1. StJ**	**im 2. StJ**	**im 3. StJ**	**im 4. StJ**
StJ 2012/13	**89**	85,3%	82,8%	12,5%	2,4%
StJ 2013/14	**76**	86,8%	83,5%	8,6%	1,5%
StJ 2014/15	**85**	79,7%	81,4%	13,0%	1,3%
StJ 2015/16	**81**	82,2%	83,8%	9,4%	2,3%

Abb. 3.8 Prüfungsaktivität in einem ausgewählten Masterstudium sowie Prüfungsaktivitätsquote der Anfängerkohorte (fiktive Daten). (Quelle: Eigene Darstellung)

Ergänzend zur Messung, ob mindestens 16 ECTS-Anrechnungspunkte in einem Studium innerhalb eines Studienjahres erfolgreich absolviert wurden, wird von den Mitarbeitern des Akademischen Controllings die durchschnittliche Anzahl der absolvierten ECTS-Anrechnungspunkte pro Studienjahr für jedes einzelne Studium im Zeitverlauf ermittelt und einem Längs- und Querschnittsvergleich unterzogen.

Ein weiteres bildungspolitisches Bestreben besteht darin, eine möglichst niedrige Drop-out-Quote zu erreichen. Drop-out-Quoten variieren je nach Studienprogramm und sind in Massenstudien, wie es gewöhnlich die wirtschaftswissenschaftlichen Studien sind, tendenziell höher als in kleineren Studien. Auch Zugangsbeschränkungen senken in der Regel die Drop-out-Quote. In Bereichen mit schlechten Betreuungsrelationen (Personalausstattung pro Studierenden) wird ein höherer Drop-out auch deshalb zu akzeptieren sein, damit die Studierendenzahlen in Einklang mit den Lehrpersonalkapazitäten gebracht werden können. Die Universitätsleitung sollte dabei jedenfalls den Drop-out so früh als möglich herbeiführen, um einerseits den abbrechenden Studierenden möglichst frühzeitig eine neue Perspektive zu eröffnen und andererseits die für die Abbrecher aufzuwendenden Ressourcen möglichst zu minimieren. Ab wann jemand überhaupt als Drop-out zählt, hängt von der Betrachtungsebene und somit vom Kontext der Fragestellung ab:

- Auf Studienebene zählen alle Studierenden als Drop-out, die das betrachtete Studium abbrechen (Studien-Drop-out).
- Auf Studienartebene werden nur die Studien der gleichen Studienart herangezogen. Ein Masterstudierender, der an derselben Universität auch noch ein Bachelorstudium betreibt (da er seinen Bachelorabschluss an einer anderen Universität erlangt hat), kann bspw. im Bachelorstudium zu einem Abbrecher, aber im Masterstudium zu einem Abschließer werden (Studienart-Drop-out).
- Auf Universitätsebene müssen alle an derselben Universität betriebenen Studien abgebrochen sein (Universitäts-Drop-out). Wird hingegen eines der betriebenen Studien erfolgreich abgeschlossen, zählt die Person auf Universitätsebene als Abschließer und nicht als Abbrecher.
- Auf Universitätssystemebene muss eine Person an allen österreichischen Universitäten alle betriebenen Studien abgebrochen haben, um als Drop-out zu zählen (Universitätssystem-Drop-out). Auch in diesem Fall gilt, dass die Person bei einem an irgendeiner Universität abgeschlossenen Studium als Abschließer und nicht als Abbrecher zählt.
- Auf Hochschulsystemebene werden schließlich auch noch die Fachhochschulen mitbetrachtet, und erst wenn eine Person ganz aus dem Hochschulsystem ohne Abschluss ausgetreten ist, gilt sie als Drop-out (Hochschulsystem-Drop-out).

Für die Universitätsleitung interessant sind lediglich die Drop-outs in den einzelnen Studien, in den einzelnen Studienarten sowie auf Universitätsebene. Die Drop-out-Quote wird hierin immer zur Anfängerkohorte in Bezug gesetzt, wobei unterstellt wird, dass eine Person lediglich einer Anfängerkohorte zugeordnet wird. Die Berechnung von Drop-out-Quoten erfolgt in der Regel stichtagsbezogen und damit dynamisch, da im Laufe der Zeit in einer Anfängerkohorte, auch wenn sie bereits sechs, sieben Jahre zurückliegt, noch Abbrecher dazukommen können, sie grundsätzlich aber auch niedriger werden kann, falls jemand ein Studium bloß unterbricht und dann zurückkehrt. Je länger daher die Anfängerkohorte zurückliegt, desto aussagekräftiger wird die Drop-out-Quote. Nachdem Studierende theoretisch auf Lebenszeit für ein Studium zugelassen sein können, eignet sich für die Darstellung von Drop-out-Quoten möglicherweise auch die Angabe einer Bandbreite, die durch die maximale (abgebrochene plus offene Studien) und die minimale (abgebrochene Studien) Drop-out-Quote nach unten und oben begrenzt wird (Abb. 3.9). Gleichzeitig ergibt die Formel 1 minus der maximalen Drop-out-Quote den Wert der minimalen Studienerfolgsquote ($1 - DQ_{max} = EQ_{min}$) bzw. 1 minus der minimalen Drop-out-Quote den Wert der maximalen Studienerfolgsquote ($1 - DQ_{min} = EQ_{max}$). Die Drop-out-Quoten werden über den Zeitverlauf betrachtet und vor allem dann genauer analysiert, wenn Unregelmäßigkeiten zu beobachten sind. Begleitend dazu wird ausgewertet, in welchem Semester und bei wie vielen absolvierten ECTS-Anrechnungspunkten die Studierenden abbrechen.

Dropoutquote im Masterstudium L nach Anfängerkohorten

Datenstand: 27.06.2017

	Anfängerkohorte							
	StJ 2006/07	StJ 2007/08	StJ 2008/09	StJ 2009/10	StJ 2010/11	StJ 2011/12	StJ 2012/13	StJ 2013/14
Anzahl der Masterstudienanfänger	664	644	752	659	551	442	482	360
davon noch ein offenes Masterstudium	30	35	50	45	55	63	108	156
davon ein abgeschlossenes Masterstudium	491	476	540	477	384	297	290	152
davon alle Masterstudien abgebrochen	144	134	162	137	111	82	83	52
Dropoutquote (maximal)	26,1%	26,1%	28,2%	27,7%	30,2%	32,8%	39,8%	57,7%
Dropoutquote (minimal)	21,7%	20,7%	21,6%	20,8%	20,2%	18,5%	17,3%	14,4%

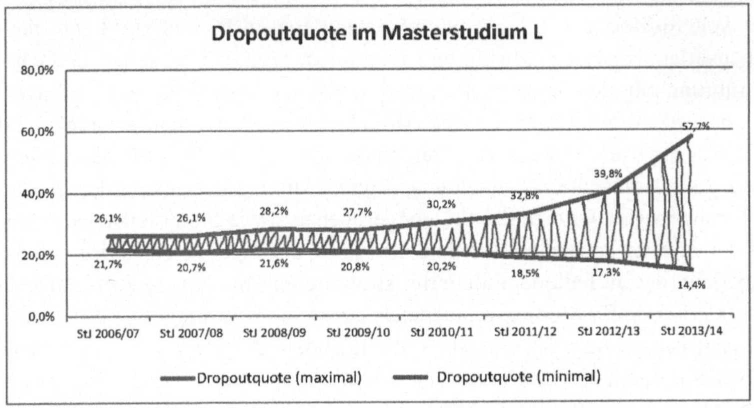

Abb. 3.9 Drop-out-Quote im Masterstudium (fiktive Daten). (Quelle: Eigene Darstellung). (Online farbig)

Die durchschnittliche Studiendauer ist ein weiterer relevanter Indikator für die Universitätsleitung, sowohl zur universitätsinternen Steuerung als auch in der Außendarstellung. Die Universität sollte ihren Studierenden den Abschluss innerhalb der Regelstudiendauer ermöglichen. Allerdings zeigt sich auf Basis der Analysen im Akademischen Controlling, dass ein relativ großer Anteil an Studierenden (vor allem in den Bachelorstudien) ihr Studium nicht innerhalb der Regelstudienzeit abschließt. Die dafür verantwortlichen Ursachen sind weiter zu analysieren, damit nach Möglichkeit Gegenmaßnahmen ergriffen werden können. Beide Kennzahlen werden daher regelmäßig erhoben, wobei für den Anteil innerhalb der Regelstudienzeit die Abschließer einer Anfängerkohorte den Studienanfängern dieser Kohorte gegenübergestellt wird. Für die durchschnittliche Studiendauer werden hingegen die Abschließer eines Studienjahres betrachtet, unabhängig davon, wann sie zu studieren begonnen haben. Zur Ermittlung eines stabileren Durchschnitts werden die Studienabschließer der letzten drei Studienjahre herangezogen. Die durchschnittliche Studiendauer wird sowohl für jedes einzelne Studium als auch für jede Studienart berechnet, ein Gesamtuniversitätswert ist aufgrund der unterschiedlichen Regelstudienzeit von Studien hingegen nicht sinnvoll. Ergänzend wird die durchschnittliche Studiendauer einer Anfängerkohorte ins Gesamtbild miteinbezogen, die sich, ähnlich der Drop-out-Quote, solange jemand aus der betrachteten Anfängerkohorte noch ein offenes Studium hat, im Laufe der Zeit erhöht. Wie sich daher zeigt, gibt es unterschiedliche Ansätze, die durchschnittliche Studiendauer zu definieren. Das Ministerium verfolgt die Senkung der durchschnittlichen Studiendauer als ein bildungspolitisches Ziel, die Studiendauer wird ferner auch als Benchmark-Indikator für den zwischenuniversitären Vergleich verwendet.

Eine weitere Möglichkeit zur Hochschulsteuerung im Bereich der Lehre liegt in Studienverlaufsanalysen. Mit diesem Instrument lässt sich in seiner einfachsten Ausführung eine Studienverlaufsstatistik darstellen, indem für jede Anfängerkohorte die Anzahl der Abbrecher und Abschließer im Zeitverlauf ermittelt wird (Pohlenz und Seyfried 2008, S. 92). Werden darüber hinaus die Aktivitätsdaten in Form von Lehrveranstaltungsanmeldungen und Prüfungsergebnissen der Studierenden herangezogen, können das Studiengeschehen sowie Studierendenentscheidungen detaillierter gezeichnet werden. Die Ergebnisse geben Hinweise auf die Studierbarkeit, die im Falle identifizierter struktureller Hindernisse zu verbessern ist. Charakteristisch für Studienverlaufsanalysen ist die Notwendigkeit der Aktivitätsdaten auf der Ebene jedes einzelnen Studierenden, die durch ein entsprechendes IT-System innerhalb der Universität sicherzustellen sind. Gleichzeitig ist auf die Einhaltung von datenschutzrechtlichen Anforderungen zu achten.

Limitierend für diese Form der Performancemessung der Studierenden ist, dass zwar quantitative Aussagen möglich sind, sie jedoch keine zusätzlichen qualitativen Erkenntnisse zulässt. Weder Motive und Gründe für Studierendenentscheidungen können dadurch erforscht werden, noch lassen sich Informationen über das Lernverhalten der Studierenden generieren. Es lässt sich damit zwar der Output, nicht aber der Outcome messen.

3.6.2 Performance von Lehrenden

Im Vergleich zu den Studierenden hat die Leistungsmessung des wissenschaftlichen Personals in Bezug auf die Lehre an der WU einen deutlich geringeren Komplexitätsgrad. Im Wesentlichen misst das Akademische Controlling die quantitativen Leistungen von wissenschaftlichen Mitarbeitern in ihrer Rolle als Lehrende und Betreuer von Abschlussarbeiten. Eine Gesamtperspektive auf die Leistungen in allen Aktivitätsfeldern wird durch den sogenannten Activity Report ermöglicht. Darin sind die Leistungen in der Forschung (Publikationen, Drittmittelprojekte), der Lehre (abgehaltene Lehrveranstaltungen, betreute Abschlussarbeiten) und der Selbstverwaltung (bspw. Gremientätigkeiten innerhalb der eigenen Universität, Kooperationsbeauftragter für Partneruniversitäten, Funktionen bei wissenschaftlichen Zeitschriften, Organisation von Konferenzen) abgebildet. Der Activity Report wird aus den forschungsdaten- und lehrdatenbezogenen IT-Systemen der WU generiert und kann auf einem eigenen Portal von den wissenschaftlichen Mitarbeitern on demand abgerufen werden.

Der vordergründige Zweck der Leistungsmessung von Studierenden liegt in der Sichtbarmachung möglicher Barrieren im Studium, die durch entsprechende Maßnahmen behoben und folglich zu einer Steigerung des Outputs führen sollen. Der Output kann in diesem Zusammenhang die Aktivität, die Dauer sowie der Studienabschluss sein. Bei der Leistungsmessung der Lehrenden hingegen ist zu monitoren, ob Lehrende ihre dienstvertraglichen Verpflichtungen erfüllen, und nicht, ob ihr Output gesteigert werden kann. Das betrifft zum einen die Einhaltung der Lehrverpflichtung. Dafür kann ein Durchrechnungszeitraum von bis zu zwei Studienjahren in Anspruch genommen werden, der den wissenschaftlichen Mitarbeitern bei der Planung der Lehre und der Abstimmung auf ihre Forschungsaufgaben etwas mehr Flexibilität einräumt. Für das Monitoring der Lehrverpflichtung auf Mitarbeiterebene wird die abgehaltene Lehre semesterweise der Lehrverpflichtung gegenüber gestellt und auf den zweijährigen Betrachtungszeitraum aufsummiert. Die semesterweise Darstellung ist notwendig, weil die Lehrverpflichtung durch eine Änderung des Beschäftigungsausmaßes oder auch aufgrund von Freistellungen (das können Forschungsfreistellungen, Mutterschutz und Karenzierungen sein) und vereinbarten Lehrreduktionen semesterweise schwanken kann. Die Herausforderung beim Monitoring liegt in der exakten Berechnung der Lehrverpflichtung. Da die dafür erforderliche IT-Unterstützung an der WU derzeit erst im Entstehen ist, ist ein flächendeckendes Monitoring noch nicht möglich und somit auch nicht unmittelbar handlungsrelevant.

Neben der Erfüllung der dienstvertraglich geregelten Lehrverpflichtung ist die Betreuungsleistung von akademischen Abschlussarbeiten wichtig, insbesondere zur Ermöglichung einer angemessenen Studiendauer von Bachelor- und Masterstudierenden. Demzufolge unterliegt die Anzahl der betreuten Bachelor- und Masterarbeiten der einzelnen wissenschaftlichen Mitarbeiter einem regelmäßigen Monitoring und wird zusätzlich nach Lehrpersonalkategorien ausgewertet. Die Anzahl der zu betreuenden Abschlussarbeiten ist allerdings nicht vertraglich geregelt, sie wird jedoch im Rahmen von Zielvereinbarungen auf Departmentebene festgelegt.

3.6.3 Performance von Organisationseinheiten

Eine Möglichkeit zur Performancemessung ist die Leistungsfeststellung in Form von verfügbaren Kapazitäten und Ressourcen. Die Kapazitätsberechnung der WU zeigt auf, wie viele Studienplätze aufgrund der verfügbaren Lehrpersonalressourcen angeboten werden können. Die Berechnung basiert auf dem Curricularnormwert-Modell, das aussagt, wie viele Lehrstunden ein Studierender bis zum Studienabschluss in Anspruch nimmt. Die wesentlichen lehrveranstaltungsbezogenen Parameter sind in diesem Zusammenhang die Anzahl der SSt laut Curriculum, die Gruppengröße, der Gewichtungsfaktor (Pflicht- versus Wahllehrveranstaltung und damit verbunden eine unterschiedlich hohe Studierendennachfrage), die empirisch zugrunde liegende Durchfallquote sowie ein Erfahrungswert für den Slack betreffend die Lehrveranstaltungsauslastung (wie etwa aufgrund von No-Shows). Durch die Gegenüberstellung des verfügbaren Lehrdeputats mit dem ermittelten Curricularnormwert eines Studiums kann die maximale Aufnahmezahl für dieses Studium festgestellt werden. Mithilfe der Lehrpersonalressourcenberechnung lässt sich zum anderen das Lehrdeputat eines Lehrstuhls angeben, indem die bereinigten Lehrverpflichtungen für ein Studienjahr aufsummiert werden.

Auch anhand von Kennzahlen kann die Leistung von Organisationseinheiten gemessen werden. Eine gängige Praxis besteht darin, Leistungskennzahlen (Key Performance Indicators) zu definieren, die im Allgemeinen die Bereiche Personal, Lehre und Forschung abdecken. Für die lehrebezogenen Key Performance

Indicators zeichnet das Akademische Controlling verantwortlich und liefert halbjährlich Daten

- zu den prüfungsaktiven Studien im Bachelor- und Masterstudium sowie nach einzelnen Studien
- zum gesamtuniversitären Betreuungsverhältnis
- zur durchschnittlichen Studiendauer des Bachelor- und Masterstudiums sowie der einzelnen Studien
- zu den Drop-out-Quoten des Bachelor- und Masterstudiums sowie der einzelnen Studien
- zu den Studienabschließern nach Studienarten sowie in den einzelnen Studien
- zur International Student Ratio nach Studienarten

Entscheidend erscheint bei der Festlegung von Key Performance Indicators ihre strategische Relevanz und Beeinflussbarkeit durch das Setzen von Maßnahmen und einer dadurch gegebenen Steuerbarkeit durch das Rektorat.

Auf Ebene der wissenschaftlichen Organisationseinheiten wären als Produktivitätskennzahl die eingesetzten SSt einer Organisationseinheit im Verhältnis zur Summe der dadurch vergebenen ECTS-Anrechnungspunkte denkbar. Eine mögliche Ausgestaltung für einen Lehrstuhl zeigt Abb. 3.10. Aus einer alleinstehenden solchen Kennzahl Zielvorgaben für eine Organisationseinheit abzuleiten, birgt

Produktivitätskennzahl Lehreinsatz

Datenstand: 05.07.2017

Lehrstuhl A

Wintersemester 2016

Lehrveranstaltung	SSt	ECTS	Beurteilte Studierende	davon positiv beurteilt	Lehranteil [SSt]		Teilungs-faktor	Vergebene ECTS
					Lehrstuhl A	anderer Lehrstuhl		Lehrstuhl A
Lehrveranstaltung 1	2	4,00	26	24	1,00	1,00	0,50	48,00
Lehrveranstaltung 2	3	7,50	17	17	1,50	1,50	0,50	63,75
Lehrveranstaltung 3	2	5,00	29	25	1,33	0,67	0,67	83,13
Lehrveranstaltung 4	2	4,00	52	49	2,00	0,00	1,00	196,00
Lehrveranstaltung 5	2	4,00	23	22	2,00	0,00	1,00	88,00
Lehrveranstaltung 6	1	2,00	14	14	0,50	0,50	0,50	14,00
Lehrveranstaltung 7	2	5,00	26	22	1,00	1,00	0,50	55,00
Input [SSt]					9,33			
Output [ECTS]								547,88
Lehreinsatzproduktivität [ECTS pro eingesetzter SSt]								**58,72**

Abb. 3.10 Produktivitätskennzahl Lehreinsatz eines Lehrstuhls im WS 2016 (fiktive Daten). (Quelle: Eigene Darstellung)

gewiss das Risiko in sich, Fehlanreize hervorzurufen. Etwa könnten Lehrveranstaltungen so einfach und die Anforderungen so niedrig werden, dass sie jeder Studierende erfolgreich absolviert, um dadurch die Summe der vergebenen ECTS zu maximieren. Daher sollte der Einsatz von Produktivitätskennzahlen auf jeden Fall durch andere, gleichzeitig wirkende Qualitätsmaßnahmen in der Lehre abgesichert werden.

Schließlich können noch das Benchmarking einzelner Kennzahlen mit anderen Universitäten, die Teilnahme an Rankings sowie Akkreditierungen zur Leistungsmessung von Universitäten genannt werden, auf die jedoch nicht weiter eingegangen wird.

3.7 IT-Unterstützung und Datenqualität

Bei der Ausgestaltung des Akademischen Controllings sind nicht bloß die einzelnen handelnden Akteure und ihre Rollen zu betrachten, die IT-Systeme und verfügbaren Daten sind ebenfalls sehr bedeutungsvoll. Damit sind die operativen Systeme der Datenerfassung und -verwaltung, die Datenqualität sowie die Informationssysteme zum Auswerten der Daten und Verteilen der Berichte gemeint. Der IT-Unterstützung wird auch deshalb ein hoher Stellenwert zugeschrieben, denn „die Defizite an ziel- und ergebnisorientierter Steuerung von Hochschulen beruhen ohne Zweifel auch auf unzureichenden Informationssystemen" (Sandberg 2002, S. 450).

In Bezug auf die operativen Systeme der Datenerfassung und -verwaltung ist zu Beginn die fundamentale Entscheidung zu treffen, ob auf ein am Markt verfügbares und idealerweise an anderen Universitäten bereits verwendetes IT-System zurückgegriffen oder eines selbst programmiert werden soll. Für den Zukauf eines IT-Systems spricht die in dem System bereits steckende Erfahrung, auch der Personalaufwand für Programmierer dürfte geringer sein als bei Eigenentwicklungen. Dem sind allerdings die Investitionskosten für eine Standardsoftware sowie die laufenden Lizenz- und Wartungskosten und vor allem Weiterentwicklungskosten für das IT-System gegenüber zu stellen. Zudem ist zu bedenken, dass das zugekaufte IT-System auf Prozessabläufe und bestehende Datenschnittstellen der Universität angepasst werden muss, und dies mitunter einen beträchtlichen Aufwand verursachen kann. An der WU wurde der Weg der Eigenentwicklung gewählt und aufgrund der damit gesammelten Erkenntnisse als auch anhand von Erfahrungsberichten anderer Universitäten, die eine zugekaufte Standardsoftware in Verwendung haben, lässt sich der Schluss ziehen, dass dies die richtige Entscheidung war. Denn die Eigenentwicklung hat zwei bedeutende Vorteile: Zum einen können kleinere, aber dringliche Adaptierungen des IT-Systems jederzeit vorgenommen und umfangreichere Weiterentwicklungen innerhalb der Organisation nach Dringlichkeit entsprechend priorisiert werden, während bei einem IT-System eines Fremdanbieters die eigenen Weiterentwicklungsanforderungen mit jenen anderer Auftraggeber konkurrieren, geschweige denn eine Mitsprache besteht, in welche Richtung sich das IT-System weiterentwickeln soll. Zum anderen ist das Know-how der eigenen Programmierer hinsichtlich der bestehenden Datenstruktur bei der Diskussion über Adaptierungen und Weiterentwicklungen des IT-Systems äußerst wertvoll.

Zum einfacheren Auswerten von Daten, Berechnen von Kennzahlen und Erstellen und Verteilen von Berichten wurde 2007 an der WU ein Data Warehouse (DWH) implementiert. Ins DWH werden mithilfe des ETL-Prozesses (Extrahieren, Transferieren, Laden) die Daten aus den durch die operativen Systeme befüllten Datenbanken eingespeist und anhand eines hochschulweit einheitlichen Datenmodells, das eine „notwendige Voraussetzung für die Umsetzung eines integrierten und verbindlichen Berichtswesens" (Graf und Link 2010, S. 378) darstellt, zueinander in Kontext gestellt, sodass diese Daten im DWH miteinander verknüpft ausgewertet werden können. Zur Datenabfrage müssen keine SQL-Statements – wie sie bei Abfragen aus Oracle-Datenbanken üblich sind – mehr geschrieben werden, das DWH bietet eine grafische Benutzeroberfläche, dank der durch Drag-and-Drop die einzelnen Dimensionen (wie bspw. Studierendenname, Lehrveranstaltungsnummer, Semester) abgefragt und gefiltert werden. Die abfragten Daten lassen sich im DWH in Tabellen weiterverarbeiten, wobei die Darstellung bloß einer einzelnen Tabelle bis hin zu einer komplexen Berichtsstruktur möglich ist. Das Ergebnis lässt sich entweder als xls- oder pdf-Dokument exportieren und speichern. Während das xls-Format eine Weiterverarbeitung der zur Verfügung gestellten Daten und Verknüpfung mit anderen Daten ermöglicht, eignet sich das pdf-Format aufgrund seiner sicheren Eigenschaft für offizielle Berichte (Täschner 2014, S. 311). Darüber hinaus ist durch den Berichtsersteller eine zeitpunktgesteuerte Versendung eines Reports per E-Mail an eine oder mehrere Personen möglich (Scheduling). Grundsätzlich ist auch denkbar, dem Berichtsempfänger einen direkten Zugang zum DWH einzurichten, wodurch sich der entsprechende Bericht jederzeit aktualisieren und herunterladen lässt. Dieser Zugang ist allerdings zum einen mit zusätzlichen Lizenzkosten – zumindest beim an der WU verwendeten Business Objects – verbunden, zum anderen könnten DWH-Schulungen für die in der Regel weniger geübten Berichtsempfänger erforderlich sein. Ein Nachteil des DWH hingegen ist die fehlende Verfügbarkeit von Echtzeitdaten, an der WU werden die Quelldaten einmal täglich über Nacht eingespielt. Für das Akademische Controlling der WU bedeutet die tägliche

Verwendung des DWH eine enorme Erleichterung und große Unterstützung bei der Erfüllung der einzelnen Aufgaben, die in dem Ausmaß und der Qualität sonst nicht umsetzbar wären.

Zuletzt ist noch auf die Bedeutung der Datenqualität bewusst zu machen. Zum einen sollten Daten zentral verfügbar sein. Dezentrale Datenbestände haben oft eigene Definitionen und Zählweisen und lassen sich in solchen Fällen nicht sinnvoll aggregieren (Graf und Link 2010, S. 377). Zum anderen sollten Daten korrekt und vollständig erfasst werden. Valide Daten sind ein wesentlicher Erfolgsfaktor für die Etablierung eines Akademischen Controllings. Nicht bloß die Gefahr von Fehlentscheidungen oder falschen Mittelzuweisungen wird davon getragen, auch die Akzeptanz von Datenauswertungen und Berichten leidet unter falschen und unverhältnismäßigen Daten. Aus diesem Grund sind die in den operativen Systemen erfassten lehr- und studierendenbezogenen Daten kontinuierlich zu monitoren und Plausibilitätschecks durchzuführen.

4 Fazit

Die Steuerung der Hochschule durch quantitative Kennzahlen und Leistungsmessungen ist noch immer ein sensibles Thema. Desto mehr noch erfordern Datenauswertungen, die Verwendung von Kennzahlen und eine Leistungsbewertung eine verantwortungsvolle und kontextbezogene Analyse und Interpretation sowie ein partnerschaftlich, dialogisches Vorgehen und partizipative Prozesse. Anders als in gewinnorientierten Unternehmen richtet sich die Hochschule nicht am Shareholder Value-, sondern am Stakeholder Value-Ansatz aus (Täschner 2014, S. 277).

Die Ausgestaltung des Akademischen Controllings an der WU soll keine konkrete Handlungsempfehlung zur Umsetzung an einer Hochschule darstellen, sondern vielmehr wertvolle Denkanstöße und Anhaltspunkte liefern, die sich bewährt haben und bei einer Implementierung und Weiterentwicklung des Akademischen Controllings im Bereich Lehre berücksichtigt werden können. Die konkrete Ausgestaltung muss sich hingegen an den kontextspezifischen Rahmenbedingungen der Hochschule orientieren. Darauf zu achten ist jedenfalls, dass die Einführung eines solchen Controllingsystems weder in seiner zeitlichen, noch in seiner inhaltlichen Dimension unterschätzt werden sollte und es sich auf eine Vielzahl von Akteuren innerhalb der Hochschule bezieht (Graf und Link 2010, S. 375). Dennoch lassen sich Erfolgsfaktoren ableiten, die bei der Einführung eines Akademischen Controllings beachtet werden sollten.

M. Schelenz, *Akademisches Controlling an Hochschulen*, essentials,
https://doi.org/10.1007/978-3-658-19758-2_4

Erfolgsfaktoren für ein etabliertes Akademisches Controlling

- Die Serviceorientierung bezieht alle Akteure mit ein, nicht nur die Hochschulleitung wird unterstützt.
- Datenauswertungen (Berichte, Kennzahlen, Leistungsmessungen) werden durch eine anschauliche Aufbereitung und Interpretation der Ergebnisse ergänzt. Sich in den Empfänger hineinversetzen zu können ist dabei unerlässlich.
- Dialog als grundlegendes Prinzip für Akzeptanz. Empfänger bei der Berichtserstellung einbeziehen, Entscheidungsträger beraten, Ergebnisse kommunizieren und bei Durchführungsentscheidungen kontextorientiert handeln.
- Das Akademische Controlling steht und fällt mit der Datenqualität und dem IT-System. Ein Data Warehouse ermöglicht die Verknüpfung von Daten und vereinfacht die Berichtserstellung.

Ein erfolgreiches und etabliertes Akademisches Controlling ist in seinen Controllingaufgaben akzeptiert, verfügt über eine hohe Expertise in der Auswertung, Aufbereitung, Analyse und Interpretation von Daten, unterstützt und gestaltet Prozesse mit und ist Business Partner aller Entscheidungsträger innerhalb der Organisation. Aus der modernen Hochschule ist ein Akademisches Controlling nicht mehr wegzudenken.

Was Sie aus diesem *essential* mitnehmen können

- Ein grundlegendes Verständnis des Akademischen Controllings an Hochschulen
- Eine Kenntnis der Herausforderungen, die bei der Umsetzung zu bewältigen sind
- Inputs für die Durchführung von Controllingaktivitäten im Berichtswesen, Lehrveranstaltungscontrolling und Performance Measurement
- Eine Übersicht von Erfolgsfaktoren für ein etabliertes Akademisches Controlling

M. Schelenz, *Akademisches Controlling an Hochschulen*, essentials,
https://doi.org/10.1007/978-3-658-19758-2

Literatur

Blohm, H. (1982). Berichtswesen, betriebliches. *Management Enzyklopädie* (Bd. 1, S. 866–876). München: Moderne Industrie.

Bundesministerium für Wissenschaft, Forschung und Wirtschaft. (2015). Der gesamtösterreichische Universitätsentwicklungsplan. https://wissenschaft.bmwfw.gv.at/fileadmin/user_upload/wissenschaft/publikationen/2015_OEUEP-Langv_Final.pdf. Zugegriffen: 26. Juni 2017.

Burck, K., & Grendel T. (2011). Studierbarkeit – ein institutionelles Arrangement? *Zeitschrift für Hochschulentwicklung, 6*(2), 99–105.

Eschenbach, R., Figl, E., & Kraft, I. (2005). *Handbuch für Universitätsmanager: Controlling, Finanzmanagement, Rechnungswesen, Berichtswesen, Qualitätsmanagement, Evaluierung*. Wien: Linde.

Folker, R. (2001). Dimensionen des Qualitätsmanagements an Hochschulen. In J. Cordes, R. Folker, & G. Westermann (Hrsg.), *Hochschulmanagement – Betriebswirtschaftliche Aspekte der Hochschulsteuerung* (S. 103–121). Wiesbaden: Deutscher Universitäts-Verlag.

Graf, R., Link, S. (2010). Akademisches Berichtswesen – Eine neue Herausforderung für Hochschulen. *Zeitschrift für Controlling und Management, 54*(6), 375–379.

Küpper, H.-U. (2007). Neue Entwicklungen im Hochschulcontrolling. *Zeitschrift für Controlling und Management, 51*(3), 82–90.

Mayer, H. (2010a). § 22 – Rektorat. In H. Mayer (Hrsg.), *UG – Universitätsgesetz 2002, Kommentar* (S. 80–84). Wien: Manz.

Mayer, H. (2010b). § 25 – Senat. In H. Mayer (Hrsg.), *UG – Universitätsgesetz 2002, Kommentar* (S. 90–97). Wien: Manz.

Perthold-Stoitzner, B. (2010a). § 54 – Bachelor-, Master-, Diplom- und Doktoratsstudien. In H. Mayer (Hrsg.), *UG – Universitätsgesetz 2002, Kommentar* (S. 245–252). Wien: Manz.

Perthold-Stoitzner, B. (2010b). § 64 – Allgemeine Universitätsreife. In H. Mayer (Hrsg.), *UG – Universitätsgesetz 2002, Kommentar* (S. 279–284). Wien: Manz.

Pohlenz, P., & Seyfried, M. (2008). Analyse von Studienverläufen mit Daten der Hochschulstatistik – Potenziale, Probleme und Anwendungsmöglichkeiten. *Qualität in der Wissenschaft. Zeitschrift für Qualitätsentwicklung in Forschung, Studium und Administration, 2*(4), 89–95.

Rassenhövel, S. (2010). *Performancemessung im Hochschulbereich – Theoretische Grundlagen und empirische Befunde*. Wiesbaden: Springer Gabler.

M. Schelenz, *Akademisches Controlling an Hochschulen*, essentials,
https://doi.org/10.1007/978-3-658-19758-2

Ring, J. (2013). Amtshaftung für Verlängerung der Studienzeit. *Zeitschrift für Hochschulrecht, 12,*136–141.

Rump, J., & Eilers, S. (2006). Managing Employability. In J. Rump, H. Fischer, & T. Sattelberger (Hrsg.), *Employability Management: Grundlagen, Konzepte, Perspektiven* (S. 13–73). Wiesbaden: Springer Gabler.

Sandberg, B. (2002). Performance Measurement im Hochschulbereich als Instrument staatlicher Rahmensteuerung. In P. Horváth (Hrsg.), *Performance Controlling – Strategie, Leistung und Anreizsystem effektiv verbinden* (S. 449–469). Stuttgart: Schäffer-Poeschel.

Schermutzki, M. (2007). Lernergebnisse – Begriffe, Zusammenhänge, Umsetzung und Erfolgsermittlung. Lernergebnisse und Kompetenzvermittlung als elementare Orientierungen des Bologna-Prozesses. In W. Benz, J. Kohler, & K. Landfried (Hrsg.), *Handbuch Qualität in Studium und Lehre. Evaluation nutzen – Akkreditierung sichern – Profil schärfen* (S. 1–30). Stuttgart: Raabe.

Täschner, M. (2014). *Hochschulcontrolling – Einführung von Berichtssystemen: Prozesse, Strukturen, Vorgehen.* München: De Gruyter Oldenbourg.

Tonchia, S., & Quagini, L. (2010). *Performance measurement – Linking balanced scorecard to business intelligence.* Heidelberg: Springer.

Ziegele, F., Brandenburg U., & Yorck, H. (2008). Das Akademische Controlling an deutschen Hochschulen (AkCont) – Grundlagen, Arbeitsformen, Organisation. *CHE Centrum für Hochschulentwicklung*, Arbeitspapier Nr. 105.